Marieluise Christl-Licosa

Kochen wie in der Toskana

Italienische Feinschmecker-Rezepte
von Peperonata über
Ossobuco alla toscana
bis Zabaione al Vin Santo

GU Gräfe und Unzer

Umschlag-Vorderseite
Fettunta – Geröstetes Brot mit Olivenöl, Crostini di milza – Crostini mit Milzpaste – und Peperonata – Geschmortes Paprikagemüse – bilden eine ganz typische, verlockende Vorspeisenplatte der Toskana. Rezepte auf den Seiten 8 und 11.

2. Umschlagseite
Pinzimonio – Toskanische Rohkostplatte – liefert eine kräftige Vitaminspritze zur Vorspeise. Den Dip aus Olivenöl und Essig macht sich entweder bei Tisch jeder selber an, oder Sie mischen ihn schon in der Küche für alle. Rezept Seite 9.

3. Umschlagseite
Die Zuppa di fagioli – Bohnensuppe – führt ein reichhaltiges Innenleben. Sie wird mit Bohnen, Tomaten, Schinken, Speck und Kräutern gegart. Rezept Seite 12.

Marieluise Christl-Licosa
wurde in Tirol geboren und ist dort aufgewachsen. Mit ihrem Mann und den vier Söhnen lebte sie viele Jahre in Mailand, konnte dort die Landessprache erlernen und die italienische Küche an ihren Quellen studieren. Zahlreiche Reisen und lange Ferienaufenthalte in allen Regionen Italiens führten zu vielen freundschaftlichen Kontakten mit der Bevölkerung. Mit wahrer Leidenschaft sammelte Frau Christl-Licosa Rezepte von neapolitanischen Fischern, von piemontesischen Bergbauern, von Herrschaftsköchinnen aus der Lombardei und der Toscana und nicht zuletzt von Chefköchen bekannter Feinschmeckerlokale der großen Städte. Seither ist die Arbeit am Herd ihr Hobby geworden. An der Volkshochschule Germering bei München unterrichtet sie italienische Sprache und hält Wochenendseminare für italienische Küche. Im gleichen Verlag sind ihr Bildkochbuch »Italienisch kochen« und die Küchen-Ratgeber »Nudel-Variationen«, »Pizza, Calzone und Focaccia« und »Preiswert kochen – gut essen« erschienen.

Cip-Titelaufnahme der Deutschen Bibliothek

Christl-Licosa, Marieluise:
Kochen wie in der Toskana: italienische Feinschmekker-Rezepte von Peperonata über Ossobuco alla toscana bis Zabaione al Vin Santo/Marieluise Christl-Licosa. – 2. Aufl., München:
Gräfe und Unzer, 1990
ISBN 3-7742-1438-7

2. Auflage 1990

Redaktion: Adelheid Schmidt-Thomé
Herstellung: Ulrike Laqua
Farbfotos: Fotostudio Teubner
Zeichnungen: Gerlind Bruhn
Umschlaggestaltung: Heinz Kraxenberger
Satz und Druck: Appl, Wemding
Bindung: R. Oldenbourg
ISBN 3-7742-1438-7

Sie finden in diesem Buch

Sie finden in diesem Buch

Ein Wort zuvor

Unsere toskanischen Freunde werden von ihren Landsleuten charakterisiert als schlicht, aber selbstbewußt, allergisch gegen jede Art von Pathos und Übertreibung, sparsam, aber nicht geizig, präzise, begabt mit einem gesunden Sinn für Proportionen, zurückhaltend, dabei aber aufgeschlossen für Schönheit, Kunst und Freude an gutem Essen und Trinken.
Manche dieser Eigenschaften spiegeln sich in der toskanischen Küche wider. Der Stolz auf die kulinarischen Traditionen ihrer jeweiligen Landstriche ließ deren Bewohner bis heute an uralten Gerichten festhalten, weshalb die Toskana eine Vielfalt an regionalen Spezialitäten anzubieten hat.
Ob Wild aus dem Bergland, Pilze und Beeren aus den Wäldern, Fisch aus dem Meer und dem Süßwasser, Lamm oder Rind aus den Weidegebieten, Gemüse aus dem eigenen Garten oder vom überquellenden Markt – der Toskaner verwendet nur frische, unverfälschte Zutaten, die mit sicherem Gespür für die richtige Zusammenstellung auf schlichte Weise zubereitet werden. Dabei spielen Gewürze wie Basilikum, Pfefferminze, Estragon, Thymian, Salbei, Wacholder, Samen von wildem Fenchel und vieles andere mehr eine entscheidende Rolle. Die Hausfrau dosiert ganz selbstverständlich jedes Kräutlein so, daß es den natürlichen Geschmack der anderen Ingredienzien erst richtig zur Geltung bringt. Ein toskanischer »buongustaio« (Feinschmecker) braucht nur kurz an einer Suppe zu schnuppern, um festzustellen, ob diese »korrekt« zubereitet ist.
Nicht nur auf dem Lande, auch in der Stadt wird heute noch nach den Rezepten gekocht, die vor langer Zeit in den Familien der Hirten, Bauern und Fischer entwickelt worden sind. Kräftige Suppen sind beliebt, die aufgewärmt als »ribollita« noch an Wohlgeschmack gewinnen. Das ungesalzene toskanische Brot mit seiner goldbraunen Krume ist nicht nur Beilage, sondern auch wichtiger Bestandteil eines Gerichtes. Reis und Polenta (Maisgrieß) werden, kombiniert mit Gemüse, Fisch oder Fleisch, zu toskanischen Spezialitäten. Auch Nudeln, meist hausgemacht, bringt man mit raffinierten Ragouts auf den Tisch. Viel frisches Gemüse bereichert zu jeder Jahreszeit den Speisezettel, auch Hülsenfrüchte und Kartoffeln werden in verschiedensten Variationen gerne gegessen. Erstklassiges Fleisch, meist in kleinen Mengen, wird gebraten, langsam geschmort, oft auch über Holzkohle gegrillt. Der Koch spart nie am Olivenöl und nimmt sich besonders Zeit, jede Mahlzeit sehr sorgfältig zuzubereiten.
Freunde der Toskana werden vielleicht in diesem Buch das eine oder andere Lieblingsgericht vermissen. Aus der Vielfalt konnte jedoch nur eine kleine Auswahl getroffen werden, um mit diesem Ratgeber auch »Neulingen« einen Einblick in das Wesen dieser mit Recht so beliebten Küche zu geben. Alle Rezepte sind dank der unkomplizierten Anleitungen leicht nachzukochen. Die brillanten Farbfotos geben Ihnen einen optischen Vorgeschmack dessen, was Sie zubereiten können. Schritt-für-Schritt-Fotos helfen bei schwierigen Arbeitsgängen. Ich habe nur solche Gerichte gewählt, deren Zutaten hierzulande ohne Schwierigkeiten zu beschaffen sind. Hinweise auf Spezialitäten, die Sie lieber im Lande selbst genießen sollten, finden Sie in den Einleitungen zu den einzelnen Kapiteln. Mit den Rezepten aus diesem Buch wird es Ihnen sicher gelingen, für Ihre Gäste »wie in der Toskana« zu kochen.
Dazu wünscht Ihnen »buon divertimento« (viel Vergnügen)

Ihre Marieluise Christl-Licosa

Wichtig:
Alle Rezepte sind für vier Personen berechnet.

Weine der Toskana

»Si sposa bene« (er vermählt sich gut), sagt man in Italien von einem Wein, der mit einem Gericht harmoniert. Der Toskaner behauptet sogar: »I nostri piatti regionali ed il gran Chianti è il più riuscito matrimonio toscano« – die Verbindung der regionalen Küche mit dem großen Chianti sei die glücklichste Ehe, die in der Toskana je geschlossen wurde.

In diesem klassischen Weinland gibt es ein reiches Angebot an vorzüglichen Spitzen-Weinen. Wer von der toskanischen Küche träumt, denkt an den **Chianti.** Es gibt den Chianti Rufina im Nordosten und den Chianti Montalbino im Nordwesten der Toskana. Der Chianti dei Colli Fiorentini stammt von den Hügeln um Florenz, der Chianti dei Colli Sienesi aus der Umgebung von Siena. Der Chianti dei Colli Aretini ist in der Gegend von Arezzo beheimatet, und der Chianti delle Colline Pisane wird im Südosten von Pisa erzeugt. Aber nur Chianti, der aus dem magischen Dreieck Radda, Gaiole und Castellina kommt, darf als Chianti Classico bezeichnet werden. Die Produktion wird seit 1924 durch das »Consorzio Gallo Nero« streng überwacht. Entspricht der Wein allen Anforderungen, wird ihm der schwarze Hahn als Gütesiegel zuerkannt. Dieser Chianti darf nicht vor dem März des auf die Ernte folgenden Jahres auf den Markt kommen; hat er drei Jahre im Faß gereift, darf er sich »riserva« nennen. Die Farbe tendiert je nach Alter von lebhaftem Rubinrot bis zur Farbe von Granat. Er ist trocken, leicht gerbsäurehaltig und harmonisch. Ältere Jahrgänge sind weich und samtig. Eine sehr genau vorgeschriebene Mischung aus Sangiovese-, Canaiolo-, Trebbiano- und Malvasiatrauben ist für seine Eigenschaften verantwortlich. Junge Weine passen zu fast allen toskanischen Spezialitäten. Reife Jahrgänge werden oft als »große Bratenweine« bezeichnet.

Für den **Carmignano** wird zusätzlich zur »Chianti-Mischung« ein Anteil der herzhaften Cabernet-Sauvignontraube verwendet. Dieser vornehme Wein ist rubinrot und wird im Laufe der Alterung granatfarben. Er ist trocken, mild und paßt zu Wildgerichten und Braten.

Für den **Vino nobile di Montepulciano** werden die gleichen Trauben wie für den Chianti verwendet. Da diese Reben aber auf Tuffsteinhügeln im Süden der Toskana wachsen, bringt die gleiche Kombination einen anderen Geschmack. Vor dem Verkauf muß er mindestens zwei Jahre im Faß reifen. Dann ist er von rubinroter Farbe mit violettem Schimmer, leicht herb und ist ein harmonischer Begleiter zu herzhaften Geflügelgerichten.

Der **Brunello di Montalcino** gehört zu den besten und teuersten italienischen Weinen. Er muß mindestens vier Jahre in Eichen- oder Kastanienfässern reifen. Ein eleganter, vornehmer Wein, funkelt granatrot, von harmonischem, energischem Charakter. Nach langer Lagerung verfeinern sich Blume und Geschmack zu vollendeter Harmonie, die auch nach Jahren erhalten bleibt. Er ist zu gebratenem oder gegrilltem Fleisch und zu Wildgerichten besonders zu empfehlen.

Die Weißweine der Toskana haben im allgemeinen keine großen Namen. Sie sind trocken, spritzig und fruchtig, also ideale Begleiter zu Vorspeisen, Fisch und Meeresfrüchten.

Am bekanntesten ist der **Vernaccia di San Gimignano,** ein trockener, leicht bitterer Wein von hell-goldener Farbe. Er läßt sich problemlos lagern.

In fast allen Weingütern der Toskana wird vorwiegend aus Malvasia- und Trebbianotrauben, die leicht vorgetrocknet gekeltert werden, der berühmte **Vin Santo** hergestellt. Man läßt ihn 3–10 Jahre reifen. Ob süß, lieblich oder herb, ein guter Vin Santo soll immer klar, goldbraun, vollaromatisch und gehaltvoll (14–18°) sein. Hausgemachtes Gebäck zu diesem hervorragenden Dessertwein gereicht – ein beliebtes »dolce« am Ende eines toskanischen Menüs.

Vorspeisen, die den Gaumen kitzeln

Luftgetrockneter Schinken, hauchdünn geschnitten, je nach Jahreszeit mit Melone oder eisgekühlten Feigen gereicht, ist auch in der Toskana als Vorspeise beliebt. »Antipasto misto« gilt als besondere Spezialität, wenn zum Beispiel »finocchiona« (Fenchelsalami), »sopressata« (Sülze mit Zunge und Pistazien) und »sanguianccio« (Blutwurst), mit eingelegten Pilzen garniert, Auge und Gaumen erfreuen. An der Küste sollte man »insalata con frutti di mare« bestellen, ein Gericht aus fangfrischen Meeresfrüchten. Das alles jedoch sind Gaumenkitzel, für die in unseren Breiten geeignete Zutaten meist fehlen. Es gibt aber noch genügend andere »antipasti«, die auch zu Hause ein toskanisches Menü würdig einleiten können. Sie finden im folgenden und im Gemüsekapitel viele Rezepte dafür.

Pane toscano

Toskanisches Weißbrot

Das toskanische Weißbrot hat eine goldbraune Kruste und eine weiche Krume. Es wird nicht gesalzen.

1 kg Mehl · 40 g Hefe · ½ l lauwarmes Wasser · Mehl für das Arbeitsbrett · Öl für das Backblech

- Vorbereitungszeit (inklusive Ruhezeit): etwa 2½ Stunden
- Backzeit: etwa 1 Stunde

So wird's gemacht:

1. Das Mehl in eine große Rührschüssel geben. In die Mitte eine Mulde drücken. Die Hefe zerbröckeln und mit ¼ l lauwarmem Wasser verrühren. In die Mulde gießen und mit etwas Mehl vom Muldenrand zu einem Brei mischen. Die Schüssel mit einem Tuch zudecken und den Teig an einem warmen Ort etwa 1 Stunde gehen lassen.
2. Dann den Vorteig unter das Mehl mischen und unter Rühren und Schlagen mit dem Kochlöffel das restliche Wasser dazugeben. So lange weiterschlagen, bis sich der Teig vom Schüsselrand löst. Den Teig auf eine bemehlte Arbeitsplatte stürzen und so lange kräftig durchkneten, bis er glatt und geschmeidig ist. Eine Kugel formen und locker in Tücher hüllen. An einem zugfreien Ort 1 weitere Stunde gehen lassen.
3. Den Backofen auf 200° vorheizen. Ein Backblech leicht einfetten.
4. Aus dem Teig einen Laib formen. Den Laib auf das Blech legen und auf der untersten Schiene im Backofen etwa 1 Stunde backen.
5. Machen Sie die Garprobe: Wenn Sie mit dem Fingerknöchel auf die Unterseite des Brotes klopfen, soll es hohl klingen. Das fertige Brot locker in ein Tuch einschlagen und langsam auskühlen lassen.

Focaccia

Fladenbrot

500 g Mehl · 20 g Hefe · ¼ l lauwarmes Wasser · 5 Eßl. Olivenöl

- Vorbereitungszeit: etwa 2½ Stunden
- Backzeit: etwa 30 Minuten

So wird's gemacht:

1. Aus dem Mehl, der Hefe und dem Wasser nach dem Rezept für »pane toscano« (Rezept nebenstehend) einen Brotteig herstellen.
2. Wenn der Teig fertig gegangen ist, den Backofen auf 200° vorheizen und ein Backblech mit Olivenöl auspinseln.
3. Den Teig mit den Händen zu einem flachen Fladen auseinanderziehen und auf das Blech

legen. Mit den Fingerkuppen Dellen eindrücken und das restliche Olivenöl darüber träufeln.
4. Den Fladen auf der untersten Schiene im Backofen etwa 30 Minuten backen.
5. Vor dem Servieren auskühlen lassen.

Variante: **Focaccia alla salvia**
Nach der Ruhezeit den Teig nochmals kurz durchkneten, 2 Eßlöffel Olivenöl, 1 Teelöffel Salz und etwa 20 Salbeiblättchen unterarbeiten. Nach dem Rezept fertigstellen.

Fettunta

Geröstetes Brot mit Olivenöl
Bild Umschlag-Vorderseite

Einfacher kann man »crostini« nicht zubereiten. Mit toskanischem Landbrot (pane toscano, Rezept Seite 7), möglichst über Holzkohlenglut geröstet, und Olivenöl bester Qualität werden sie zu einem besonderen Genuß. Baguette ist ein guter Ersatz.

3–4 Knoblauchzehen · 8 Scheiben Weißbrot mit fester Kruste, finderdick geschnitten · reichlich kaltgepreßtes Olivenöl aus der 1. Pressung (»olio vergine«) zum Beträufeln

- Zubereitungszeit: etwa 15 Minuten

So wird's gemacht:
1. Die Knoblauchzehen schälen.
2. Die Brotscheiben auf dem Grill oder im Toaster goldbraun rösten. Mit Knoblauch kräftig einreiben, auf Teller legen und großzügig mit Olivenöl beträufeln.
3. Sofort heiß servieren.
4. Nach Geschmack können Sie die fertigen Brotscheiben noch mit Salz und frisch gemahlenem Pfeffer würzen.

Crostini di milza

Crostini mit Milzpaste
Bild Umschlag-Vorderseite

Toskanisches Landbrot (pane toscano, Rezept Seite 7) ist natürlich am besten als Unterlage für diesen würzigen Aufstrich geeignet. Sie können aber auch Baguette oder Kastenbrot verwenden.

200 g Milz (vom Kalb oder Rind) · 150 g Hühnerlebern · ½ Zwiebel · 1 Stange Staudensellerie · 3 Eßl. Olivenöl · 4 Eßl. trockener Weißwein · 1½ Eßl. Kapern · 3–4 Sardellenfilets · 4 Eßl. Fleischbrühe · Salz · weißer Pfeffer, frisch gemahlen · etwa 400 g Weißbrot vom Vortag

- Vorbereitungszeit: etwa 30 Minuten
- Garzeit: etwa 20 Minuten

So wird's gemacht:
1. Die Milz waschen, abtrocknen und mit einem Messer aus der Haut schaben. Die Hühnerlebern waschen, trockentupfen, von allen Fetteilchen befreien und in ganz kleine Stücke schneiden. Die Zwiebel schälen. Die Selleriestange putzen, waschen und trockenschwenken, dann mit der Zwiebel fein hacken.

Mein Tip Sie können eine feingehackte Karotte mit der Zwiebel und dem Sellerie mitbraten und feingehackte Petersilie mit den Kapern und Sardellen in die Kasserolle geben. Manche Hausfrau verrührt etwas Tomatenmark mit der Brühe, andere binden die fertige Paste mit einem großen Stück Butter. Wer es herzhaft mag, brät die Brotscheiben vor dem Bestreichen mit heißem Olivenöl.

2. In einer kleinen Kasserolle das Öl erhitzen, das Gemüse darin 5 Minuten anbraten, dann die Milz und die Hühnerlebern dazugeben und 3 Minuten mitbraten. Den Wein angießen und bei starker Hitze verdampfen lassen.
3. Inzwischen die Kapern und die Sardellenfilets zusammen fein hacken und in die Kasserolle geben. Die Brühe dazugießen. Mit wenig Salz und reichlich Pfeffer würzen. So lange köcheln lassen, bis eine dickliche Paste entsteht. Diese dann etwas abkühlen lassen.
4. Inzwischen das Brot in Scheiben schneiden und diese auf beiden Seiten gut rösten. Mit der abgekühlten Paste bestreichen.

Panzanella

Brotsalat

Ein schlichtes, bäuerliches Gericht, das eigentlich seinen Wohlgeschmack nur dann voll entfaltet, wenn man echtes toskanisches Landbrot (pane toscano, Rezept Seite 7) verwendet. Vollkorntoast bietet sich als Ersatz an.

600–700 g altbackenes Weißbrot · 2–3 rote Zwiebeln (je nach Größe) · 500 g kleine, feste Salattomaten · 1 Salatgurke · 1 Bund Basilikum · etwa 5 Eßl. Olivenöl · Salz · schwarzer Pfeffer, frisch gemahlen · Weinessig

- Zubereitungszeit: etwa 30 Minuten
- Zeit zum Durchziehen: 2–3 Stunden

So wird's gemacht:
1. Das Brot in Scheiben schneiden, mit Wasser befeuchten und gut anziehen lassen.
2. Inzwischen die Zwiebeln schälen und in dünne Ringe schneiden. Die Tomaten waschen und achteln, dabei die grünen Stielansätze und die Kerne entfernen. Die Gurke schälen und in Würfel schneiden. Das Basilikum waschen und trockenschwenken. Die Blättchen abzupfen und grob zerkleinern.
3. Das Weißbrot portionsweise mit beiden Händen gut ausdrücken und in einer Salatschüssel zerpflücken. Das vorbereitete Gemüse und das Basilikum mit dem Brot vermischen. Mit dem Olivenöl beträufeln. Nach Geschmack mit Salz, Pfeffer und Essig würzen.
4. An einem kühlen Ort 2–3 Stunden durchziehen lassen. Den Salat noch einmal durchmischen und bei Bedarf nachwürzen.

Mein Tip Sie können den Salat durch Zugabe von 3 geputzten, in Scheibchen geschnittenen Stangen Staudensellerie (Herz) und 2–3 Eßlöffeln gehackter Petersilie abwandeln.

Pinzimonio

Toskanische Rohkostplatte
Bild 2. Umschlagseite

1 gelbe Paprikaschote · 2–3 kleine feste Zucchini · 1 große, feste, nicht ganz rote Salattomate · ½ Herz von 1 kleinen Staudensellerie · 2 kleine junge Fenchelknollen (schlanke Sorte) · 4 frische Frühlingszwiebeln · 1 kleiner Radicchio · 1 Knospe Chicorée · erstklassiges Olivenöl · aromatischer Rotweinessig · Salz · weißer Pfeffer, frisch gemahlen

- Zubereitungszeit: etwa 45 Minuten

So wird's gemacht:
1. Die Paprikaschote halbieren, den Stielansatz, die Kerne und die weißen Rippen entfernen. Die Schote waschen, abtrocknen und der Länge nach in schmale Streifen schneiden.

2. Von den Zucchini die Blütenansätze und die Stielenden abschneiden. Die Früchte waschen, abtrocknen und der Länge nach vierteln, die Viertel einmal quer durchschneiden.
3. Die Tomate waschen, halbieren, dabei den Stielansatz, die Kerne und den Saft entfernen. Die Hälften längs in Streifen schneiden.
4. Das Sellerieherz in Stangen teilen, diese waschen und trockentupfen, falls nötig, die Fäden abziehen.
5. Die Stiele der Fenchelknollen zurückschneiden. Harte Außenblätter großzügig entfernen. Die Knollen waschen, abtrocknen und längs in 4–6 Stücke schneiden.
6. Von den Frühlingszwiebeln die Wurzeln und die Außenblätter entfernen, etwa ein Drittel vom dunklen Grün zurückschneiden. Die Zwiebeln waschen und abtrocknen.
7. Vom Radicchio und vom Chicorée alle unansehnlichen Außenblätter entfernen. Die »Herzen« in einzelne Blätter zerlegen, nach Sorten getrennt waschen und trockenschleudern.
8. Das Gemüse auf einer großen Platte malerisch anordnen.
9. Jeder Gast erhält ein Schälchen, in dem er nach Geschmack aus viel Olivenöl, etwas Rotweinessig, Salz und Pfeffer seine Sauce mischen kann. Man stippt das Gemüse nach Belieben hinein und genießt es als Vorspeise.

Cozze gratinate

Überbackene Miesmuscheln

1 ½ kg große Miesmuscheln · 4 Eßl. Weißwein · 2 Knoblauchzehen · 1 Bund Petersilie · 100 g Semmelbrösel · schwarzer Pfeffer, frisch gemahlen · ½ Teelöffel milder Weinessig · 6 Eßl. Olivenöl

- Vorbereitungszeit: etwa 45 Minuten
- Garzeit: etwa 10 Minuten

So wird's gemacht:
1. Die Muscheln unter fließendem Wasser gut bürsten, entbarten (geöffnete Muscheln wegwerfen) und in einen tiefen Topf geben.
2. Den Wein angießen und zugedeckt so lange erhitzen, bis sich alle Schalen geöffnet haben. Den Topf mehrmals kräftig rütteln, damit alle Muscheln gleichmäßig garen. Die Muscheln auf ein Sieb schütten. Dabei die beim Kochen entstandene Flüssigkeit auffangen und in ein hohes, enges Glas gießen, damit sich der Sand absetzen kann. Die noch geschlossenen Muscheln wegwerfen.

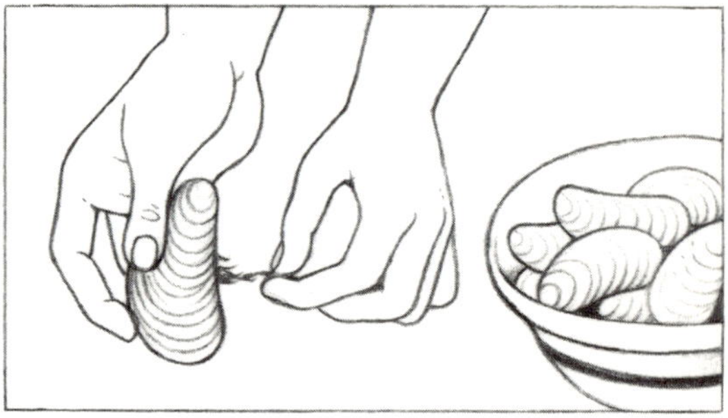

Mit einem kräftigen Ruck werden die Bärte aus den Muscheln entfernt.

3. Die Knoblauchzehen schälen. Die Petersilie waschen, trockenschwenken und mit dem Knoblauch zusammen fein hacken.
4. In einer kleinen Schüssel die Semmelbrösel mit dem Knoblauch und der Petersilie mischen, mit Pfeffer und dem Weinessig würzen und mit dem Muschelsaft so anfeuchten, daß die Masse bindet. Bei Bedarf salzen (der Muschelsaft ist stark salzhaltig).
5. Den Backofen auf 220° vorheizen. Den Boden einer flachen feuerfesten Form mit Öl auspinseln.
6. Die leeren Schalenhälften von den Muscheln abbrechen und wegwerfen. Die gewürzte Brotmasse gleichmäßig auf die vollen Schalenhälften verteilen. Die Muscheln neben-

einander in die Form setzen und mit dem restlichen Olivenöl beträufeln.
7. Etwa 10 Minuten backen, bis die Füllung leicht gebräunt ist.
8. Noch heiß oder zimmerwarm servieren.

Tortino di melanzane

Auberginenomelette

4 kleine, feste Auberginen · Salz · 1 Bund Petersilie · 8 Eier · 3–4 Eßl. Milch · 1 Messerspitze Majoran · Mehl · Olivenöl zum Ausbacken

- Vorbereitungszeit: etwa 30 Minuten
- Garzeit: etwa 30 Minuten

So wird's gemacht:
1. Die Auberginen schälen und längs in ½ cm dicke Scheiben schneiden. Diese auf ein Sieb geben, mit Salz bestreuen und 30 Minuten ziehen lassen.
2. Inzwischen die Petersilie waschen, trockenschwenken und fein hacken. In einer Schüssel die Eier leicht verquirlen und die Milch unterrühren. Mit Salz und dem Majoran würzen und die Petersilie untermischen.
3. Den Backofen auf 190° vorheizen. Mehl in einen Teller geben.
4. Die Auberginen abbrausen, mit Küchenpapier trockentupfen und leicht durch das Mehl ziehen. In einer Pfanne reichlich Olivenöl erhitzen, die Scheiben auf beiden Seiten nicht zu braun braten und abtropfen lassen.
5. Den Boden einer flachen Gratinform mit den Auberginen auslegen. Die verquirlten Eier darüber gießen und die Form auf die mittlere Schiene des Backofens stellen. Etwa 20 Minuten backen, so daß der Boden des »tortino« fest wird, die Oberfläche aber noch etwas weich bleibt. Heiß servieren.

Variante: **Tortino di zucchini**
4 kleine Zucchini in Scheiben schneiden, in reichlich Olivenöl ausbraten. In einer Gratinform mit den gewürzten, verquirlten Eiern begießen. Nach dem Grundrezept backen.

Mein Tip Diese »tortini« können als festliche Vorspeisen, aber auch als fleischloses Hauptgericht verwendet werden.

Peperonata

Geschmortes Paprikagemüse
Bild Umschlag-Vorderseite

300 g Zwiebeln · 300 g reife Tomaten · 750 g gelbe und grüne Paprikaschoten, gemischt · 5 Eßl. Olivenöl · Salz · schwarzer Pfeffer, frisch gemahlen · 1 Prise Zucker

- Vorbereitungszeit: etwa 20 Minuten
- Garzeit: etwa 30 Minuten

So wird's gemacht:
1. Die Zwiebeln schälen und in Scheiben schneiden. Die Tomaten kurz mit kochendem Wasser überbrühen, enthäuten und vierteln, dabei die Stielansätze und die Kerne entfernen. Die Paprikaschoten halbieren, die Stielansätze, Kerne und weißen Rippen entfernen. Die Schoten waschen, abtrocknen und der Länge nach in Streifen schneiden.
2. In einer Kasserolle das Öl erhitzen. Die Zwiebelscheiben bei mittlerer Hitze braten, bis sie leicht gelb werden. Dann die Tomaten und die Paprikastreifen dazugeben. Mit Salz und Pfeffer würzen. Bei schwacher Hitze zugedeckt ganz langsam etwa 30 Minuten garen. Das Gemüse darf dabei nicht zerfallen.
3. Leicht auskühlen lassen. Mit dem Zucker abschmecken.

Suppen zu jeder Jahreszeit

Suppen sind in der toskanischen Küche die wichtigsten »primi piatti«. Sie haben eine lange Tradition. Nicht anders als schon vor Generationen brodeln sie in großen Töpfen auf dem Herd der Bauernküche. Oft werden sie gleich in großer Menge für mehrere Tage vorgekocht und bei Bedarf wieder aufgewärmt, was ihren Wohlgeschmack noch erhöht. Aus dieser Gepflogenheit entstand der Begriff »ribollita«, das heißt »wiederaufgekocht«.

Zuppa di fagioli

Bohnensuppe
Bild 3. Umschlagseite

300 g Borlottibohnen · 4 Knoblauchzehen · 1 Zweig Salbei · Salz · 1 Zwiebel · 1 Stange Staudensellerie · je 1 Bund Petersilie und Basilikum · 50 g roher Schinken · 50 g durchwachsener Räucherspeck · 4 Eßl. Olivenöl · 250 g Dosentomaten · 1 Prise gemahlener Peperoncino (kleine, scharfe Paprikaschote) · 1 ¼ l leichte Knochenbrühe · 150 g Reis

- Einweichzeit der Bohnen: 12 Stunden
- Garzeit: etwa 1 ¼ Stunden

So wird's gemacht:

1. Die Bohnen über Nacht in reichlich Wasser einweichen, dann abtropfen lassen.
2. Die Knoblauchzehen schälen, den Salbei waschen.
3. Die Bohnen in leicht gesalzenem Wasser mit 2 Knoblauchzehen und dem Salbeizweig zugedeckt etwa 1 Stunde bei schwacher Hitze garen.
4. Inzwischen die Zwiebel schälen und in dünne Ringe schneiden. Den Sellerie putzen, mit der Petersilie und dem Basilikum zusammen waschen, trockentupfen und kleinhacken. Den Schinken, den Speck und den restlichen Knoblauch ebenfalls kleinhacken.
5. In einem Topf das Öl erhitzen. Die Zwiebel, die Kräuter, den Schinken, den Speck und den Knoblauch darin bei schwacher Hitze etwa 10 Minuten anbraten. Die Tomaten dazugeben, mit einer Gabel zerdrücken, mit dem Peperoncino würzen und alles zugedeckt ganz langsam schmoren lassen, bis die Bohnen gar sind.
6. Die Brühe separat zum Kochen bringen.
7. Die Knoblauchzehen und den Salbei aus den Bohnen entfernen. Die Bohnen abgießen, mit der Tomatensauce vermischen und kurz anziehen lassen. Die Brühe angießen und noch einmal aufkochen.
8. Dann den Reis in die Suppe geben und darin »al dente« kochen.

Mein Tip Wenn Sie Reis in der Suppe nicht besonders schätzen, können Sie diesen durch kleine Hörnchennudeln ersetzen oder die Suppe über gerösteten Brotscheiben anrichten.

Tagliatini ai fegatini

Nudelsuppe mit Geflügellebern

Diese schlichte und doch noble Suppe wird in der Gegend von Florenz natürlich nur mit echter Hühnerbrühe und hausgemachten Nudeln zubereitet.

8 Hühnerlebern · 1 Zwiebel · 2 Eßl. Butter · 1 ¼ l Hühnerbrühe · weißer Pfeffer, frisch gemahlen · 100–150 g Schnittnudeln · Parmesan, frisch gerieben

- Zubereitungszeit: etwa 30 Minuten

So wird's gemacht:
1. Die Geflügellebern kalt waschen, trockentupfen und vom anhängenden Fett befreien. Dann in kleine Stücke schneiden. Die Zwiebel schälen und in dünne Ringe schneiden.
2. In einem Topf die Butter erhitzen, die Zwiebelringe darin langsam weichbraten.
3. In einem zweiten Topf die Hühnerbrühe zum Kochen bringen.
4. Sobald die Zwiebelringe gar sind, die Lebern dazugeben. Mit Pfeffer würzen und ganz kurz anbraten. Mit der kochenden Brühe begießen und aufkochen lassen.
5. Die Nudeln in die Suppe geben und darin garen.
6. Mit reichlich Parmesan bestreut servieren.

Cipollata

Zwiebelsuppe

1 Karotte · 500 g Schweinerippchen (in Stücke geteilt) · 750 g weiße Zwiebeln · 50 g durchwachsener Räucherspeck · 50 g frische gut gewürzte Schweinebratwurst (am besten Salsiccia) · 4–5 Eßl. Olivenöl · 1 Knoblauchzehe · 4 Scheiben Weißbrot · Salz · schwarzer Pfeffer, frisch gemahlen

- Vorbereitungszeit: etwa 45 Minuten
- Garzeit: etwa 1 Stunde

So wird's gemacht:
1. Die Karotte waschen und halbieren. Die Schweinerippchen waschen, dabei die Knochensplitter entfernen. 1 Zwiebel halbieren, die Hälfte schälen und mit der Karotte und den Rippchen in einen Topf geben. 1½ l Wasser angießen und zugedeckt so lange kochen, bis sich das Fleisch von den Knochen lösen läßt.
2. Inzwischen die restlichen Zwiebeln schälen und in dünne Ringe schneiden (diese 15 Minuten wässern, falls die Zwiebeln scharf sind, dann gut abtropfen lassen). Den Speck kleinhacken. Die Wurst häuten und in kleine Stücke schneiden.
3. In einem Topf das Öl erhitzen. Den Speck und die Wurst darin anbraten. Dann die Zwiebelringe dazugeben und bei schwacher Hitze so lange braten, bis sie gelb werden.
4. Das Fleisch abgießen. Die Brühe ohne das Suppengemüse zu den Zwiebeln in den Topf geben, aufkochen lassen und alles zugedeckt bei schwacher Hitze etwa 1 Stunde köcheln lassen.
5. Inzwischen das Fleisch von den Rippchen lösen und kleinschneiden. Nach etwa 45 Minuten Kochzeit in die Suppe geben und noch etwa 15 Minuten ziehen lassen.
6. Die Knoblauchzehe schälen. Die Brotscheiben toasten, mit dem Knoblauch einreiben und auf Portionsteller verteilen.
7. Die Suppe mit Salz und Pfeffer würzen. Dann über die Brotscheiben gießen, ein paar Minuten anziehen lassen und servieren.

Zuppa alla grossetana

Gemüsesuppe mit Paprikaschoten und Sellerie

400 g Zwiebeln · 250 g Paprikaschoten · 150 g Staudensellerie (Herz) · 500 g Tomaten · 6 Eßl. Olivenöl · Salz · schwarzer Pfeffer, frisch gemahlen · 1¼ l leichte Brühe · 4 Scheiben Weißbrot · 4 Eier · Parmesan, frisch gerieben

- Vorbereitungszeit: etwa 15 Minuten
- Garzeit: etwa 1 Stunde

So wird's gemacht:
1. Die Zwiebeln schälen und in Ringe schneiden. Die Paprikaschoten vierteln, Stiele, Kerne und weiße Rippen entfernen. Die Schoten wa-

schen, trockentupfen und in schmale Streifen schneiden. Den Sellerie waschen, trockenschwenken, Fäden abziehen und die Stangen in dünne Scheibchen schneiden. Die Tomaten kurz mit kochendem Wasser überbrühen, enthäuten, vom Stielansatz befreien und durch ein Sieb passieren.
2. In einem Topf das Öl erhitzen. Die Zwiebeln darin bei schwacher Hitze so lange braten, bis sie weich, aber nicht braun sind. Dann den Paprika und den Sellerie etwa 5 Minuten mitbraten. Die Tomaten untermischen. Zugedeckt bei schwacher Hitze etwa 30 Minuten schmoren lassen.
3. Inzwischen die Brühe zum Kochen bringen.
4. Das Gemüse mit Salz und Pfeffer würzen. Die kochende Brühe angießen und alles etwa 5 Minuten kochen lassen.
5. Inzwischen die Brotscheiben toasten, auf Portionsteller verteilen. In einer Suppenterrine die Eier gut verschlagen, mit Salz und Pfeffer würzen. Mit der kochendheißen Suppe begießen, umrühren und servieren. Parmesan extra reichen.

Acqua cotta con funghi

Pilzsuppe

1¼ l Wasser oder leichte Brühe · 3 Knoblauchzehen · 500 g Steinpilze oder Egerlinge · 250 g Dosentomaten · 6 Eßl. Olivenöl · Salz · weißer Pfeffer, frisch gemahlen · 4 Scheiben Kastenweißbrot · 4 Eier · 2 Eßl. Parmesan, frisch gerieben

- Vorbereitungszeit: etwa 20 Minuten
- Garzeit: etwa 30 Minuten

So wird's gemacht:
1. Das Wasser oder die Brühe zum Kochen bringen.
2. Den Knoblauch schälen und in Scheibchen schneiden. Die Pilze abbrausen, trockentupfen und ebenfalls in Scheibchen schneiden. Die Tomaten mit einer Gabel zerdrücken.
3. In einem Topf das Öl erhitzen, den Knoblauch bei schwacher Hitze kurz anbraten, wobei er nicht braun werden darf. Dann die Pilze dazugeben und bei starker Hitze unter Rühren etwa 5 Minuten braten.
4. Die Tomaten hinzufügen und etwa 5 Minuten mitschmoren. Das Wasser angießen. Mit Salz und Pfeffer würzen. Etwa 30 Minuten zugedeckt langsam kochen lassen.
5. Die Brotscheiben toasten und auf die Suppenteller verteilen.
6. In einer Suppenterrine die Eier und den Käse mit dem Schneebesen gründlich verrühren, mit der kochendheißen Suppe begießen, gut mischen und sofort servieren.

Minestra di verdura

Gemüsesuppe

½ Kopf Wirsing · 3 Stangen Staudensellerie · 1 Stange Lauch · 1 Zwiebel · 1 Salatherz · 2 mittelgroße Kartoffeln · 2 Karotten · 2 Zucchini · 1 Bund Petersilie · 3 Zweige Basilikum · 4–5 Tomaten · 1 Tasse Erbsen (frisch oder tiefgefroren) · 8 Eßl. Olivenöl · 1½ l leichte Knochenbrühe · Salz · schwarzer Pfeffer, frisch gemahlen · Parmesan, frisch gerieben

- Vorbereitungszeit: etwa 25 Minuten
- Garzeit: etwa 1½ Stunden

So wird's gemacht:
1. Den Kohl von den äußeren, harten Blättern befreien, halbieren, den Strunk keilförmig herausschneiden und den Kohl in schmale Streifen schneiden. Den Sellerie putzen und in 2 cm

lange Stücke schneiden. Den Lauch putzen und mit zwei Dritteln des hellen Grüns in dicke Scheiben schneiden. Die Zwiebel schälen und würfeln. Das Salatherz in schmale Streifen schneiden. Die Kartoffeln schälen und in kleine Würfel schneiden. Die Karotten schaben und in Scheibchen schneiden. Die Zucchini von den Blüten- und Stielansätzen befreien und in Würfel schneiden. Das ganze Gemüse in einem Sieb gründlich abbrausen, dann abtropfen lassen. Die Kräuter waschen, trockenschwenken und kleinhacken. Die Tomaten kurz mit kochendem Wasser überbrühen, enthäuten und vierteln und dabei von den Stielansätzen befreien.
2. Das Gemüse, die Kräuter, die Erbsen und die Tomaten mit dem Olivenöl in einen Topf geben. Zugedeckt bei mäßiger Hitze im eigenen Saft etwa 30 Minuten dünsten lassen, dabei ab und zu umrühren.
3. Inzwischen die Brühe zum Kochen bringen und dann zu dem Gemüse gießen. Zugedeckt etwa 45 Minuten bei schwacher Hitze kochen lassen.
4. Mit Salz und Pfeffer abschmecken und servieren. Den Parmesan extra reichen und nach Geschmack über die Suppe streuen.

Mein Tip Man kann in der Suppe 100 g Reis oder kurze Teigwaren mitgaren. Sie schmeckt im Sommer auch zimmerwarm ausgezeichnet.

Variante: **Minestra di verdura passata**
Anstelle des Kohls 2 Kartoffeln mehr verwenden. Das Öl durch 100 g Butter ersetzen. Nach dem Ende der Garzeit die Suppe durch ein Sieb passieren und nochmals kurz aufkochen lassen. Mit in Butter gerösteten Brotwürfeln servieren.

Minestra di ceci

Kichererbsensuppe

200 g Kichererbsen · Salz ·
2 Knoblauchzehen · 1 Zweig Rosmarin ·
4 Eßl. Olivenöl · 1 Eßl. Tomatenmark ·
schwarzer Pfeffer, frisch gemahlen ·
200 g Ditalini (kurze dicke »Fingerhut«nudeln, ersatzweise Gabelspaghetti)

- Einweichzeit: 24 Stunden
- Kochzeit der Kichererbsen: 1½–2 Stunden
- Garzeit: etwa 20 Minuten

So wird's gemacht:
1. Die Kichererbsen 24 Stunden in lauwarmem Wasser einweichen, dann abtropfen lassen.
2. Mit etwa 1½ l Wasser aufsetzen, leicht salzen und zugedeckt langsam so lange kochen, bis sie gar, aber nicht zu weich sind (die Dauer hängt von der Qualität der Kichererbsen ab).
3. Inzwischen die Knoblauchzehen schälen. Den Rosmarinzweig waschen und trockenschwenken.
4. In einer kleinen Kasserolle das Öl erhitzen, die Knoblauchzehen und den Rosmarinzweig dazugeben und so lange bei schwacher Hitze braten, bis der Knoblauch gelb wird.
5. Das Tomatenmark in einer Tasse Kochwasser von den Kichererbsen verrühren, in die Kasserolle geben und etwa 10 Minuten kochen lassen. Dann die Knoblauchzehen entfernen.
6. Die Kichererbsen abgießen (das Kochwasser auffangen).
7. Etwa die Hälfte durch ein Sieb passieren und mit den restlichen Kichererbsen und dem Kochwasser in den Kochtopf zurückgeben. Die Tomatensauce untermischen, mit Salz und Pfeffer würzen und aufkochen lassen.
8. Die Nudeln in die Suppe geben und »al dente« kochen.
9. Sofort servieren.

Nudeln, Risotto und Polenta

Die Spaghetti sind zwar nicht in der Toskana beheimatet, haben aber auch dort inzwischen Freunde gewonnen. Viele Hausfrauen machen ihre »papardelle«, »fettucini« und »taglerini« (Bandnudeln verschiedener Breite) selbst. Deshalb finden Sie in diesem Kapitel ein Rezept für hausgemachte Nudeln.
Reisfreunde, die die Toskana besuchen, kennen den berühmten »risotto nero«. Man braucht frische Tintenfische dazu, deren Farbbeutel unversehrt sind. Sie werden aber hierzulande selten verkauft. Die Palette von Risottorezepten ist jedoch so groß, daß man auch andere köstliche Spezialitäten zubereiten kann, deren Zutaten problemlos zu bekommen sind.
Mit »polenta« (Maisbrei) weiß die deutsche Küche noch wenig anzufangen. In der Toskana ißt man sie jedoch nicht nur als Beilage zu »spezzatino«, »pollo«, »stocafisso«, »braciole di maiale« oder »funghi in umido«, man kocht auch herzhafte Gerichte auf der Basis von gekochtem Maisgrieß.

Lasagnette alla lucchese

Bandnudeln mit Spinat

Wenn Sie keinen Ricotta erhalten, können Sie auch Magerquark verwenden.

*25 g Trockenpilze · 300 g Blattspinat ·
Magen, Herz und Leber von 1 Huhn ·
2 Eßl. Butter · 1 Teel. Tomatenmark ·
4 Eßl. heiße Brühe · 150 g Ricotta (italienischer Frischkäse) · Salz · 1 Prise Muskatnuß, frisch gerieben · 1 Messerspitze Nelkenpulver ·
400 g schmale Bandnudeln ·
3–4 Eßl. Parmesan, frisch gerieben ·
schwarzer Pfeffer, frisch gemahlen*

- Vorbereitungszeit: etwa 20 Minuten
- Garzeit: etwa 30 Minuten

So wird's gemacht:

1. Die Pilze in lauwarmem Wasser einweichen. Den Spinat putzen, welke Blätter entfernen, gründlich waschen. Naß in eine Kasserolle geben und garen, bis er zusammenfällt. Auf einem Sieb auskühlen lassen.

2. Das Hühnerklein sorgfältig waschen, trokkentupfen und ganz fein hacken oder wiegen. Die Pilze ausdrücken und kleinhacken.

3. In einer Kasserolle 1 Eßlöffel Butter erhitzen. Das Hühnerklein und die Pilze etwa 5 Minuten anbraten. Das Tomatenmark mit der Brühe verrühren und in die Kasserolle dazugießen. Zugedeckt bei schwacher Hitze schmoren lassen.

4. Inzwischen in einem Topf reichlich Salzwasser zum Kochen bringen.

5. Währenddessen den Spinat auspressen und kleinhacken. In einer Schüssel den Spinat mit dem Frischkäse cremig verrühren, mit dem Muskat und dem Nelkenpulver würzen.

6. Die Nudeln im kochenden Wasser »al dente« kochen. Inzwischen die Spinatmischung mit der Tomatensauce gleichmäßig verrühren. Bei mittlerer Hitze etwa 5 Minuten kochen lassen. Mit Salz und Pfeffer abschmecken.

7. Die Nudeln abgießen, abtropfen lassen und in einer vorgewärmten Servierschüssel gut mit der Sauce und der restlichen Butter mischen. Den Parmesan darüber streuen und sofort servieren.

Die Zubereitung von Gnocchi di polenta – Nockerl ▷ aus Maisgrieß mit Fleischsauce – von links nach rechts: Den Maisgrieß in kochendes Wasser rieseln und quellen lassen. Für die Sauce das Fleisch garen und Wein angießen. Ganz fein gehackt, bildet das Fleisch den »sugo«. Aus der Maismasse Knödel abstechen, lagenweise mit dem Ragout in eine Form schichten, mit Parmesan überstreuen und backen. Das Rezept finden Sie auf Seite 25.

500ml
400ml
300ml
200ml

Papardelle all'aretina

Breite Bandnudeln mit Entenragout
Bild nebenstehend

1 bratfertige Ente (ca. 1500 g) · 1 Zwiebel · 2 Stangen Bleichsellerie · 2 Karotten · 4–5 Salbeiblätter · 100 g gut durchwachsener Räucherspeck · 1 Dose Tomaten (400 g) · 4 Eßl. Olivenöl · 1 Prise Muskatnuß, frisch gerieben · Salz · schwarzer Pfeffer, frisch gemahlen · ⅛ l trockener Weißwein · 5 Eßl. Brühe · 400 g sehr breite Bandnudeln (Rezept nebenstehend) · 1 Enten- oder 2–3 Hühnerlebern · 100 g Parmesan, frisch gerieben

- Vorbereitungszeit: etwa 25 Minuten
- Garzeit: etwa 1½ Stunden

So wird's gemacht:

1. Die Ente in 8–10 Stücke zerteilen und waschen, dabei alle Knochensplitter sorgfältig entfernen. Die Geflügelteile abtrocknen. Die Zwiebel schälen. Den Sellerie waschen und trockentupfen. Die Karotten waschen und schaben. Die Salbeiblätter waschen. Das Gemüse zusammen mit dem Speck und dem Salbei sehr fein hacken. Die Tomaten durch ein Sieb passieren.

2. In einer Kasserolle das Öl erhitzen, das Gemüse und den Speck etwa 5 Minuten braten. Die Geflügelteile dazugeben und bei guter Hitze rundum goldgelb braten. Mit Muskatnuß, Salz und Pfeffer würzen. Den Wein angießen und unter Rühren verdampfen lassen. Die Tomaten dazugeben. Das Ragout bei schwacher Hitze zugedeckt in etwa 1½ Stunden garschmoren. Bei Bedarf etwas Brühe angießen.

3. Inzwischen reichlich Salzwasser zum Kochen bringen und die Nudeln darin »al dente« kochen.

4. Die Leber waschen, von Fetteilchen befreien, kleinhacken und vor dem Servieren kurz in der Sauce ziehen lassen. Das Fleisch herausnehmen.

5. Die Nudeln abtropfen lassen und schichtweise mit der Sauce in eine vorgewärmte Schüssel geben. Dabei jede Schicht mit Parmesankäse bestreuen.

6. Die Nudeln als »primo piatto« reichen. Das Fleisch mit Gemüse der Saison als Hauptgang servieren.

◁ Die Papardelle all'aretina – Breite Bandnudeln mit Entenragout – werden in 2 Gängen serviert: als »primo piatto« die Nudeln, mit Sauce überbacken, als Hauptgang dann das Fleisch mit Gemüse. Rezept auf dieser Seite.

Mein Tip Sie können Butterflöckchen auf den mit Käse bestreuten Nudeln verteilen und die »papardelle« kurz im Backofen gratinieren, bis der Käse schön gebräunt ist.

Pasta fatta in casa

Hausgemachte Nudeln

Zutaten für etwa 500 g Nudeln:
400 g Mehl · 4 Eier · ½ Teel. Salz · 1 Eßl. Olivenöl · Mehl zum Ausrollen

- Vorbereitungszeit: etwa 15 Minuten
- Ruhezeit: etwa 30 Minuten
- Fertigstellung: etwa 30 Minuten

So wird's gemacht:

1. Das Mehl auf ein Backbrett häufen. In die Mitte eine Mulde drücken. Die Eier, das Salz

und das Öl hineingeben. Mit einer Gabel das Mehl vom Rand her mit den Eiern verrühren. Soviel Mehl mit den Händen portionsweise unterarbeiten, daß ein fester Teig entsteht. Diesen mit den Handballen so lange kräftig kneten, bis der Teig glatt und glänzend wird. Wenn man ihn durchschneidet und an der Schnittfläche kleine Löcher zu sehen sind, ist der Teig fertig.
2. Aus dem Teig eine Kugel formen, in ein Tuch einschlagen und 30 Minuten ruhen lassen.
3. Das Backbrett mit Mehl bestäuben. Den Teig in 3–4 Stücke teilen und diese gleichmäßig von der Mitte zum Rand hin etwa 2 mm dick ausrollen. Die Teigplatten kurz trocknen lassen, sie dürfen dabei aber nicht hart werden.
4. Leicht mit Mehl bestreut zusammenrollen und mit einem scharfen Messer zu »papardelle« (etwa 5 cm breit), »fettucini« (Bandnudeln) oder »taglerini« (Schnittnudeln) schneiden. Diese mit beiden Händen vorsichtig aufnehmen, schütteln und locker auf ein bemehltes Tuch fallen lassen.
5. Die Nudeln trocknen lassen.

Tagliatelle rifatte

Bandnudeln überbacken

Ein festliches Nudelgericht, das man für besondere Gelegenheiten mit geriebenem weißem Trüffel in der Béchamelsauce verfeinert.

Für das Ragout: 1 Zwiebel · 200 g frische Schweinebratwurst · 25 g Butter ·
200 g Rinderhackfleisch · je 4 Eßl. trockener Weißwein und leichte Knochenbrühe · Salz · schwarzer Pfeffer, frisch gemahlen ·
6 Eßl. Sahne · 1–2 Eßl. Parmesan, frisch gerieben · etwa 4 l leichte Brühe
Für die Béchamelsauce: 75 g Butter ·
75 g Mehl · etwa ¾ l Milch · Salz · weißer Pfeffer, frisch gemahlen · 2 Eßl. Parmesan, frisch gerieben
350 g Tagliatelle · Parmesan zum Bestreuen · weißer Pfeffer
Butter für die Form

- Zubereitungszeit: etwa 1½ Stunden

<u>So wird's gemacht:</u>
1. Die Zwiebel schälen und kleinhacken. Von der Wurst die Haut abziehen und das Brät mit einer Gabel zerdrücken.
2. In einer Kasserolle die Butter erhitzen, die Zwiebel darin weichbraten, dann das Hackfleisch und das Wurstbrät so lange mitbraten, bis sie die Farbe verlieren. Den Wein und die Brühe angießen und zugedeckt etwa 30 Minuten langsam köcheln lassen.
3. Inzwischen für die Nudeln die Brühe zum kochen bringen.
4. Währenddessen für die Béchamelsauce in einem Topf die Butter schmelzen, das Mehl unterrühren und goldgelb anschwitzen lassen. Die Milch langsam zugießen. Dabei mit dem Schneebesen kräftig schlagen damit keine Klümpchen entstehen. Mit Salz und Pfeffer würzen und kurz aufkochen lassen. Den Parmesan unterrühren. Und die Sauce abseits vom Herd warmhalten.
5. Die Nudeln in der Brühe »al dente« kochen, dann gut abtropfen lassen.
6. Sobald das Ragout gar ist, mit Salz und Pfeffer würzen, dann die Kasserolle vom Herd nehmen. Die Sahne und soviel Parmesan untermischen, daß das Ragout eine dickliche Konsistenz erhält.
7. Den Backofen auf 250° vorheizen. Eine feuerfeste Form reichlich mit Butter ausstreichen.
8. Lagenweise Nudeln und Ragout einfüllen. Jede Lage mit Parmesan bestreuen und leicht mit Pfeffer würzen. Mit Nudeln enden. Mit der Béchamelsauce begießen und etwa 10 Minuten im Backofen anziehen lassen.

Pasta al sugo classico

Nudeln mit Fleischsauce

20 g Trockenpilze · 1 Zwiebel · 1 Stange Staudensellerie · 1 Karotte · 500 g mageres Rindfleisch · 6 Eßl. Olivenöl · ⅛ l kräftiger, trockener Rotwein · 5 Eßl. Fleischbrühe · 300 g Dosentomaten · Salz · schwarzer Pfeffer, frisch gemahlen · 400 g Nudeln (»bucatini«, »penne«, »rigatoni« oder Hörnchen) · 3 Eßl. Parmesan, frisch gerieben

- Zubereitungszeit: etwa 2 Stunden

So wird's gemacht:

1. Die Pilze in lauwarmem Wasser einweichen. Die Zwiebel schälen. Den Sellerie putzen, waschen und trockenschwenken. Die Karotte waschen und schaben. Das Gemüse fein hacken. Das Fleisch waschen, abtrocknen und in kleine Gulaschwürfel schneiden.
2. Das Fleisch und das Gemüse in eine Kasserolle geben. Das Öl angießen. Bei starker Hitze braten und rühren, bis das Fleisch rundum leicht gebräunt ist. Jetzt den Wein angießen und zu zwei Dritteln verdampfen lassen.
3. Die Fleischbrühe separat aufkochen und dazugeben. Die Hitze verringern. Zugedeckt so lange kochen, bis das Fleisch knapp weich ist.
4. Inzwischen die Tomaten durch ein Sieb passieren. Die Pilze ausdrücken. Das Fleisch aus der Kasserolle nehmen und mit den Pilzen zusammen ganz fein hacken, dann mit den Tomaten wieder in die Kasserolle geben. Zugedeckt bei schwacher Hitze noch etwa 30 Minuten eindicken lassen. Mit Salz und Pfeffer würzen.
5. Inzwischen reichlich Salzwasser zum Kochen bringen, die Nudeln darin »al dente« kochen.
6. Dann abgießen und abgetropft mit der Sauce mischen. Die Kasserolle vom Herd nehmen, kurz ziehen lassen.
7. Dann die »pasta« auf Portionsteller verteilen und, mit dem Käse bestreut, servieren.

Mein Tip Mit dieser Sauce kann man auch »gnocchi« oder »polenta« (Rezepte Seite 24 und 25) anrichten.

Papardelle sulla lepre

Breite Bandnudeln mit Hasenragout

Wild wird in der Toskana gerne gegessen. Hasen serviert man zum Beispiel »in salmi« (gebeizt), »ai funghi« (in Pilzsauce) oder »in dolce forte« (mit Sultaninen, Pinienkernen und Schokolade). Aus dem Hasenklein kocht man das Ragout für die hausgemachten »papardelle«.

1 Stange Staudensellerie · 2 Zweige Rosmarin · 2 Zweige Thymian · 2 kleine Zwiebeln · 750 g Hasenklein · 3 Lorbeerblätter · 8 Wacholderbeeren · 6 Pfefferkörner · etwa ½ l kräftiger Rotwein · 2–3 Hühnerlebern · 1 Dose Tomaten (400 g) · 1 Karotte · 50 g durchwachsener Räucherspeck · 4 Eßl. Olivenöl · Salz · schwarzer Pfeffer, frisch gemahlen · 400 g sehr breite Bandnudeln (für hausgemachte siehe Rezept Seite 19) · 50 g Pecorino, frisch gerieben

- Vorbereitungszeit: etwa 15 Minuten
- Zeit zum Marinieren: 24 Stunden
- Garzeit: etwa 1½ Stunden

So wird's gemacht:

1. Den Sellerie putzen, mit den Kräutern zusammen waschen, trockenschwenken und kleinhacken. 1 Zwiebel schälen und in dünne Ringe schneiden. Das Hasenklein gründlich waschen und trockentupfen.

2. Das Fleisch in eine Schüssel geben, mit der Zwiebel, dem Sellerie, den Kräutern, den Lorbeerblättern, den Wacholderbeeren und den Pfefferkörnern mischen. Mit dem Wein begießen, dann mit einem passenden Teller beschweren. 24 Stunden marinieren lassen, dabei die Fleischstücke ab und zu umdrehen.
3. Dann die Hühnerlebern waschen, von Fettteilen befreien und kleinhacken. Die Tomaten abtropfen lassen. Die Karotte waschen und schaben, mit der restlichen Zwiebel und dem Speck zusammen fein hacken. Das Fleisch aus der Marinade nehmen und trockentupfen. Die Marinade durch ein Sieb gießen.
4. In einer Kasserolle das Öl erhitzen. Den Speck, die Zwiebel und die Karotte etwa 5 Minuten anbraten, dann das Fleisch dazugeben und von allen Seiten gut anbraten. Die Leber dazugeben und kurz mitbraten. Die Tomaten dazugeben und mit einer Gabel zerdrücken. Die Hitze verringern. Das Ragout mit Salz und Pfeffer würzen. Zugedeckt ganz langsam schmoren lassen. Bei Bedarf etwas Marinade angießen.
5. Nach etwa 1½ Stunden das Fleisch von den Knochen lösen und in die Kasserolle geben.
6. Inzwischen reichlich Salzwasser zum Kochen bringen und die Nudeln darin »al dente« kochen. Abgießen, gut abtropfen lassen und schichtweise mit dem Ragout in eine vorgewärmte Schüssel geben.
7. Das Ragout und die Nudeln bei Tisch mischen. Den Käse extra reichen und nach Belieben verwenden.

Mein Tip Sie können auch einen ganzen Hasen nach dem Rezept zubereiten. Die Nudeln werden dann mit der dicken Sauce gemischt. Das Fleisch wird zum Beispiel mit Broccoligemüse als Hauptgang serviert.

Risotto alla contadina

Gemüserisotto

2 Stangen Bleichsellerie · 2 mittelgroße Karotten · 2 Zweige Basilikum · etwa 100 g Brechbohnen · 2–3 kleine feste Zucchini · 300 g Tomaten · 1 Zwiebel · etwa 1 l gut gewürzte Gemüse- oder Knochenbrühe · 6–8 Eßl. Olivenöl · 300 g Rundkornreis · 1 Tasse Erbsen, frisch oder tiefgekühlt · Salz · schwarzer Pfeffer, frisch gemahlen · 3 Eßl. Parmesan, frisch gerieben

- Vorbereitungszeit: etwa 20 Minuten
- Garzeit: etwa 35 Minuten

So wird's gemacht:
1. Den Sellerie waschen und trockentupfen. Die Karotten waschen und schaben. Den Sellerie und die Karotten in Scheibchen schneiden. Das Basilikum waschen, trockenschwenken und grob hacken. Die Bohnen putzen, dabei die Fäden sorgfältig entfernen. Die Bohnen in daumenbreite Stücke brechen, abbrausen und abtropfen lassen. Die Zucchini waschen, abtrocknen, die Blüten- und Stielansätze entfernen und die Früchte in kleine Würfel schneiden. Die Tomaten kurz mit kochendem Wasser überbrühen, enthäuten und vierteln, dabei die Stielansätze und Kerne entfernen. Die Zwiebeln schälen und in Ringe schneiden.
2. Die Brühe zum Kochen bringen.
3. Die Zwiebel, den Sellerie, die Karotten und das Basilikum mit dem Öl in eine Kasserolle geben und bei mittlerer Hitze unter Rühren so lange braten, bis die Zwiebeln goldgelb sind. Dann den Reis, die Tomaten, die Bohnen, die Zucchini und die Erbsen dazugeben und so lange köcheln lassen, bis der Reis alle Flüssigkeit aufgenommen hat.
4. 2 Tassen von der kochenden Brühe angießen. Den Risotto ohne Deckel bei mittlerer Hit-

ze kochen lassen. Nach und nach die restliche Brühe angießen, bis der Reis gar ist (er darf dabei nicht trocken werden). Das dauert etwa 20 Minuten.
5. Bei Bedarf noch mit Salz und Pfeffer abschmecken.
6. Vor dem Servieren den Käse untermischen.

Mein Tip Sie können auch 1–2 geschälte, kleingewürfelte Kartoffeln mitkochen.

Risotto giallo al tartufo

Risotto mit Safran und Trüffeln

Ein nobles Gericht und gut geeignet als erster Gang für ein Festtagsmenü.

1 Zwiebel · 100 g Butter · 300 g Rundkornreis · 5 Eßl. trockener Weißwein · etwa 1 l gute Fleischbrühe (entfettet) · 1 Prise Safran · Salz · 3 Eßl. Parmesan, frisch gemahlen · etwa 50 g weiße Trüffel

- Zubereitungszeit: etwa 45 Minuten

So wird's gemacht:
1. Die Brühe zum Kochen bringen.
2. Die Zwiebel schälen und kleinhacken. In einer Kasserolle 80 g Butter erhitzen und die Zwiebel darin weichbraten, ohne sie zu bräunen. Den Reis dazugeben und so lange rühren, bis die Körner glasig sind. Den Wein angießen. Sobald der Wein verdampft ist, 2 Tassen kochende Brühe angießen.
3. Ohne Deckel bei mittlerer Hitze kochen lassen, dabei ab und zu umrühren. Nach und nach kochende Brühe dazugeben, bis der Risotto gar ist (er darf nicht trocken werden).
4. Kurz vor Ende der Kochzeit den Safran in etwas kaltem Wasser auflösen und gut unter den Reis rühren.
5. Vor dem Servieren mit Salz abschmecken. Den Käse und die restliche Butter unterziehen.
6. Die Trüffel in ganz feine Scheiben schneiden und darüber streuen.

Risotto alla toscana

Risotto mit Fleisch und Tomaten

100 g Kalbsniere · 50 g Hühnerlebern · 1 Dose Tomaten (450 g) · 1 Zwiebel · 2 Eßl. Olivenöl · 2 Eßl. Butter · 200 g Hackfleisch · Salz · weißer Pfeffer, frisch gemahlen · 1 Prise Muskatnuß, frisch gerieben · 1 l Brühe · 300 g Rundkornreis · 2 Eßl. Parmesan, frisch gerieben

- Vorbereitungszeit: etwa 45 Minuten
- Garzeit: etwa 25 Minuten

So wird's gemacht:
1. Die Niere längs halbieren und alle Harnstränge entfernen. Die Niere waschen, trockentupfen und in ganz dünne Scheibchen schneiden. Die Hühnerlebern waschen, trok-

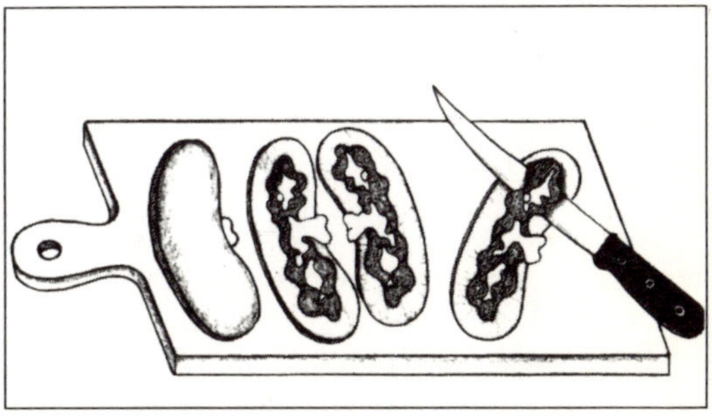

So entfernen Sie die Harnstränge und eventuell auch Fetteilchen aus der Niere.

kentupfen, von allen Fetteilchen befreien, dann ganz fein hacken. Die Tomaten abtropfen lassen und mit einer Gabel zerdrücken. Die Zwiebel schälen und in dünne Ringe schneiden.
2. In einer Kasserolle das Öl und die Hälfte der Butter erhitzen, die Zwiebelringe darin etwa 5 Minuten anbraten. Das Hackfleisch und die Innereien dazugeben. Bei starker Hitze unter Rühren braten, bis das Fleisch seine Farbe verliert. Die Tomaten untermischen und das Ganze mit Salz, Pfeffer und Muskat würzen. Bei verringerter Hitze etwa 30 Minuten zugedeckt dünsten lassen und ab und zu umrühren.
3. In einem Topf die Brühe aufkochen.
4. Den Reis mit dem Fleisch verrühren und kurz anziehen lassen. Dann so viel kochende Brühe angießen, daß alles davon bedeckt ist. Ohne Deckel bei mittlerer Hitze kochen lassen, dabei ab und zu umrühren. Nach und nach kochende Brühe zugießen, bis der Risotto gar ist. Er darf dabei nicht zu trocken werden.
5. Die Kasserolle vom Herd nehmen. Die restliche Butter und den Parmesan unterrühren. Zugedeckt 2–3 Minuten ziehen lassen, dann sofort servieren.

Polenta

Maisbrei (Grundrezept)

1 ¼ l Wasser · 1 Eßl. Salz · 350 g Maisgrieß, möglichst grob gemahlen

- Zubereitungszeit: etwa 1 Stunde

So wird's gemacht:
1. In einem hohen Topf das Wasser mit dem Salz aufkochen.
2. Den Maisgrieß unter ständigem Rühren mit dem Schneebesen so langsam einlaufen lassen, daß dabei keine Klumpen entstehen. Dann etwa 45 Minuten bei schwacher Hitze kochen, dabei ständig mit einem Kochlöffel rühren, damit der Grieß gut ausquellen kann, und ein fester Brei entsteht. Vorsicht, nach dem aufkochen kann die Masse spritzen.
3. Den Brei auf ein befeuchtetes großes Holzbrett stürzen, glattstreichen und zugedeckt kurz ruhen lassen. Die Polenta mit Hilfe eines Bindfadens in Scheiben schneiden, die man als Beilage, in Butter gebraten oder gegrillt, verwendet.

Mein Tip Grob gemahlener Maisgrieß wird beim Kochen leichter fest und schmeckt kerniger.

Polenta con cavolo

Maisbrei mit Weißkohl und Schweinefleisch

500 g Schweinefleisch aus der Schulter · 1 Zwiebel · 1 Karotte · 1 Stange Staudensellerie · Salz · 1 Weißkohl (knapp 1 kg) · schwarzer Pfeffer, frisch gemahlen · 300 g Maisgrieß · 80–100 g Butter · 4 Eßl. Parmesan, frisch gerieben

- Zubereitungszeit: etwa 2 Stunden

So wird's gemacht:
1. Das Fleisch waschen. Die Zwiebel schälen. Die Karotte waschen und schaben. Den Sellerie putzen und waschen. Alle Zutaten in einen Topf geben, mit kaltem Wasser bedecken und aufkochen lassen. Mit einem Schaumlöffel den entstehenden Schaum abnehmen und die Brühe salzen. Zugedeckt kochen, bis das Fleisch gar ist.
2. Inzwischen für den Kohl reichlich Salzwasser zum Kochen bringen. Den Kohl putzen, schlechte äußere Blätter entfernen, den Kohl

waschen, vierteln und den Strunk herausschneiden. Im kochenden Wasser garen. Dann abtropfen lassen und in fingerbreite Streifen schneiden.

3. Wenn das Fleisch gar ist, die Brühe in einen hohen Topf abseihen, mit Wasser auf 1¼ Liter ergänzen und aufkochen lassen. Salzen, pfeffern, den Maisgrieß einrieseln lassen und nach dem Grundrezept (Seite 24) eine nicht zu feste Polenta kochen.

4. Das Fleisch in kleine Würfel schneiden und mit dem Kohl zusammen noch einmal etwas aufwärmen.

5. Die Butter in einem Pfännchen leicht braun werden lassen.

6. Das Fleisch und den Kohl unter die fertige Polenta mischen. Auf Portionsteller verteilen und mit dem Käse bestreuen. Mit der braunen Butter begießen und sofort servieren.

Mein Tip Reste der Polenta können Sie ausgekühlt in Scheiben schneiden und in reichlich Olivenöl ausbraten.

Gnocchi di polenta

Nockerl aus Maisgrieß mit Fleischsauce
Bild Seite 17

gut 1¼ l Wasser · 1 Eßl. Salz ·
350 g Maisgrieß · Sugo classico
(nach Rezept Seite 21)
Butter für die Form · Parmesan, frisch gerieben

- Zubereitungszeit: (ohne die Garzeit für den »sugo«): etwa 1¾ Stunden

So wird's gemacht:

1. Aus dem Wasser, dem Salz und dem Maisgrieß eine nicht zu feste Polenta nach dem Grundrezept auf der gegenüberliegenden Seite kochen.

2. Dann eine feuerfeste Form einfetten. Den Backofen auf 200° vorheizen.

3. 3. Mit einem Vorlegelöffel »gnocchi« (Klößchen) aus dem Maisbrei stechen, dabei den Löffel immer wieder in kochendes Wasser tauchen. Die »gnocchi« in die gebutterte Form gleiten lassen. Wenn eine Lage geschichtet ist, diese mit »sugo« begießen und reichlich mit Parmesan bestreuen. So fortfahren, bis die Polenta und der »sugo« aufgebraucht sind. Mit Fleischsauce und Käse enden.

4. Im Backofen (mittlere Schiene) etwa 30 Minuten überbacken.

Variante:
Gnocchi di polenta con cacio e burro
Jede Lage Polentanockerl wird dick mit geriebenem »cacio« (würziger Schafkäse) bestreut und mit zerlassener Butter begossen.

Variante:
Gnocchi di polenta al pomodoro
Jede Lage »gnocchi« mit einer dicken Sauce aus Olivenöl, gehackten Zwiebeln, 350 g passierten Tomaten und frischem Basilikum begießen und vor dem Überbacken mit Parmesan bestreuen.

Fisch aus Süß- und Salzwasser

Toskaner, die in Küstennähe wohnen, verstehen sich auf die Zubereitung köstlicher Fischgerichte. Tintenfische werden mit Gemüse geschmort oder zusammen mit Kraken, Muscheln und Garnelen zu »insalata con frutti di mare« verarbeitet. Goldbrassen eignen sich zum Grillen, Meerbarben zum Schmoren in würziger Sauce. Für frische Sardinen und Sardellen gibt es viele leckere Rezepte. Der »cacciuccio« schließlich, die berühmte Fischsuppe, vereint die Vielfalt des Meeresgetiers und ist eine ganz spezielle Gaumenfreude. Aber fangfrisch müssen die Zutaten sein, darum zieht es die Hausfrau im Landesinneren immer vor, Forellen raffiniert zu kochen oder gleich ihre Familie mit Spezialitäten aus Stockfisch (getrockneter Kabeljau) zu verwöhnen.

Merluzzo alla livornese

Kabeljau nach Livorneser Art
Bild nebenstehend

Das Originalrezept schreibt gewässerten Stockfisch vor. Dieser ist bei uns kaum erhältlich. Frischer Kabeljau, auf diese Art zubereitet, schmeckt aber auch vorzüglich.

2 Zwiebeln · 5 Knoblauchzehen · je ½ Bund Petersilie und Basilikum · 800 g Dosentomaten · ⅛ l Olivenöl · Salz · 1 Prise Peperoncino (kleine, scharfe Paprikaschote) · 800 g Kabeljaufilet · Mehl

- Zubereitungszeit: etwa 1 Stunde

So wird's gemacht:

1. Die Zwiebeln und die Knoblauchzehen schälen. Die Kräuter waschen, trockenschwenken und mit den Zwiebeln und 2 Knoblauchzehen zusammen fein hacken. Die Tomaten durch ein Sieb passieren.
2. In einer Kasserolle 4 Eßlöffel Olivenöl erhitzen, die Zwiebeln, den Knoblauch und die Kräuter bei schwacher Hitze darin etwa 10 Minuten braten. Dann das Tomatenpüree dazugeben. Mit Salz und dem Peperoncino würzen und langsam eindicken lassen.
3. Inzwischen die restlichen Knoblauchzehen vierteln.
4. Das Fischfilet waschen, trockentupfen, in gleichmäßige Stücke von etwa 5 cm Seitenlänge schneiden und in Mehl wenden.
5. In einer weiten, flachen Pfanne das restliche Olivenöl mit den Knoblauchvierteln erhitzen. Die Fischstücke rundum goldbraun braten, dann auf Küchenpapier kurz abtropfen lassen.
6. Vor dem Servieren die Fische in der Tomatensauce kurz ziehen lassen.

Variante: **Stocafisso e patate**
Die Tomatensauce nach dem Rezept zubereiten. 800 g gut gewässerten Stockfisch wie angegeben braten. In der Sauce etwa 1 Stunde köcheln lassen. Dann 250 g geschälte, in Würfel geschnittene Kartoffeln dazugeben. Zugedeckt mitgaren. Kurz vor Ende der Kochzeit 4 Eßl. Vin Santo secco untermischen. Noch 10 Minuten ziehen lassen.

Für den Merluzzo alla livornese – Kabeljau auf Livorneser Art – wird erst die Sauce aus Tomaten und frischen Kräutern – die Sie gerne auch nach Geschmack variieren können – gekocht. Der Fisch wird separat gebraten und zieht noch einige Minuten in der Sauce. Rezept auf dieser Seite. ▷

Trote regali

Forellen mit Pilzen

4 kleine Forellen (etwa 800 g) · Saft von 1 Zitrone · 2 Knoblauchzehen · je 4 Rosmarin- und Petersilienzweige · 1 Zwiebel · 2 Eßl. Butter · Salz · 4 Scheiben durchwachsener Räucherspeck (etwa 40 g) · Mehl · ⅛ l trockener Weißwein · 1 Messerspitze Suppenwürze · weißer Pfeffer, frisch gemahlen · 300 g Steinpilze oder Egerlinge · 2 Eßl. Olivenöl · 1 Messerspitze Thymian · 3–4 Eßl. Sahne

- Zubereitungszeit: etwa 1 Stunde

So wird's gemacht:

1. Die Fische putzen, gründlich waschen, abtrocknen und mit dem Zitronensaft innen und außen einreiben. Die Knoblauchzehen schälen und fein hacken. Die Rosmarin- und Petersilienzweige waschen und trockenschwenken. Die Zwiebel schälen und klein hacken.

2. In einer weiten, flachen Kasserolle die Butter erhitzen und die Zwiebel darin bei schwacher Hitze weichbraten.

3. Die Fische innen mit Salz und dem gehackten Knoblauch einreiben. Mit dem Speck, dem Rosmarin und der Petersilie füllen, dann auf beiden Seiten mit Mehl bestäuben, in die Kasserolle zu den Zwiebeln geben und leicht anbraten. Den Wein angießen. Mit der Suppenwürze, etwas Pfeffer und, falls nötig, noch mit dem Salz würzen. Zugedeckt bei ganz schwacher Hitze garen. Inzwischen die Pilze putzen, abbrausen, trockentupfen und in dünne Scheibchen schneiden. In einer Pfanne das Öl erhitzen, die Pilze darin braten, mit Salz, Pfeffer und dem Thymian würzen.

4. Sobald sie gar sind, die Pilze über die Fische verteilen. Die Sahne angießen. Zugedeckt noch kurz ziehen lassen.

5. Vor dem Servieren die Speckscheiben, die Rosmarin- und die Petersilienzweige entfernen.

◁ Keine Angst vor der Zubereitung von Artischocken! Mit Hilfe unserer Fotos (von links nach rechts) gelingen die Carciofi ritti – Geschmorte gefüllte Artischocken – ganz leicht: Die Früchte werden vorbereitet, und die Füllung aus Speck, Petersilie und Zwiebeln wird gemischt. Die Früchte werden vom »Heu« befreit, gefüllt und in Wein im Backofen gegart. Eine ungewöhnliche Vorspeise. Rezept auf Seite 41.

Trote rifatte

Forellen in Tomatensauce

4 Knoblauchzehen · 1½ Bund Petersilie · 3 Tomaten · 2 große oder 4 kleine Forellen (etwa 800 g) · Salz · ½ Teel. Oregano · 1 Prise gemahlener Peperoncino (kleine, scharfe Paprikaschote) · 4 Eßl. Olivenöl · 5 Eßl. trockener Weißwein · Saft von 1 Zitrone

- Zubereitungszeit: etwa 1 Stunde

So wird's gemacht:

1. Den Knoblauch schälen. Die Petersilie waschen, trockenschwenken und mit dem Knoblauch zusammen fein hacken. Die Tomaten kurz mit kochendem Wasser überbrühen und die Stielansätze und die Haut entfernen. Die Früchte durch ein Sieb passieren. Die Fische putzen, gründlich waschen, abtrocknen und innen mit Salz einreiben.

2. Die Hälfte des Knoblauchs und der Petersilie mit dem Oregano und dem Peperoncino mischen und das Gemisch in den Bauchhöhlen der Fische verteilen.

3. In einer weiten, flachen Kasserolle das Öl erhitzen und die restliche Petersilie-Knoblauch-Mischung bei schwacher Hitze etwa 5 Minuten anbraten. Der Knoblauch darf dabei nicht braun werden. Dann die Fische in die Kasserolle geben und auf beiden Seiten ganz leicht anbraten. Den Wein angießen und bei verstärkter Hitze verdampfen lassen.
4. Die Hitze wieder verringern. Den Zitronensaft und die Tomaten in die Kasserolle geben. Leicht salzen. Die Fische zugedeckt langsam je nach Größe 20–30 Minuten garen lassen. Ab und zu werden sie dabei mit einem Löffel Sauce begossen.
5. Die Fische sofort heiß servieren.

Seppie in zimino

Tintenfisch in Mangold

500 g Tintenfische (Sepie oder Calamari, tiefgefroren und in Streifen geschnitten) · 1 Zwiebel · 2 Knoblauchzehen · 1 Karotte · 1 kleine Stange Bleichsellerie · 300 g Saucentomaten · 5–6 Eßl. Olivenöl · 5 Eßl. trockener Weißwein · knapp 1 Messerspitze Peperoncino (kleine, scharfe Paprikaschote) · Salz · 500 g Mangold · weißer Pfeffer, frisch gemahlen

- Zubereitungszeit: etwa 1½ Stunden

So wird's gemacht:
1. Die Tintenfische auftauen lassen, dann kurz waschen und abtrocknen.
2. Die Zwiebel und die Knoblauchzehen schälen. Die Karotte schaben. Den Sellerie putzen, waschen und trockentupfen. Das ganze Gemüse zusammen sehr fein hacken. Die Tomaten kurz mit kochendem Wasser überbrühen, die grünen Stielansätze, die Haut und die Kerne entfernen. Die Tomaten sehr klein schneiden.
3. In einer Kasserolle das Olivenöl erhitzen, das kleingehackte Gemüse etwa 5 Minuten darin bei schwacher Hitze anbraten. Die Tintenfische dazugeben und etwa 5 Minuten mitbraten. Den Wein angießen und unter Rühren leicht eindampfen lassen. Die Tomaten untermischen, mit dem Peperoncino würzen und zugedeckt etwa 30 Minuten kochen lassen.
4. Inzwischen in einem breiten Topf reichlich Salzwasser zum Kochen bringen.

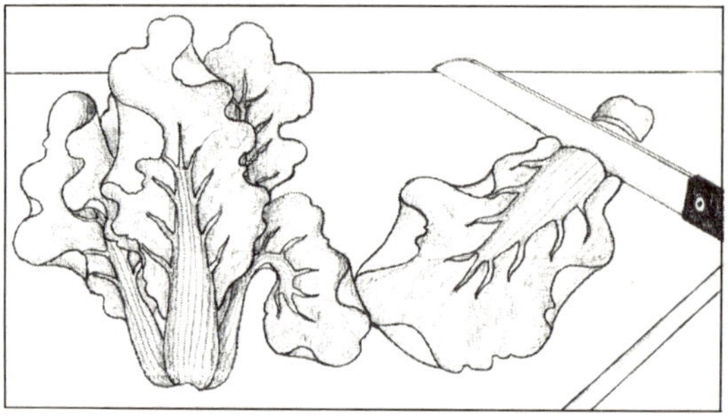

Die Stiele der Mangoldblätter schneiden Sie großzügig ab. Die dicken Blattadern schneiden Sie eventuell auch noch etwas flacher.

5. Den Mangold putzen, welke Blätter entfernen, die Stiele großzügig kürzen. Das Gemüse im Salzwasser knapp garkochen. Abgießen und gut abgetropft grob hacken.
6. Den Mangold zu dem Fisch-Gemüse geben und untermischen. Mit Salz und Pfeffer würzen. Zugedeckt ganz langsam noch etwa 30 Minuten garen lassen.

Variante: **Seppie con piselli**
1 Zwiebel, 2 Knoblauchzehen und ½ Bund Petersilie fein hacken, in dem Öl anbraten, dann den Tintenfisch nach dem Rezept weiterkochen. 10 Minuten vor Ende der Garzeit 300 g tiefgefrorene Erbsen und 3 kleingehackte Salbeiblätter mitgaren. Mit Petersilie bestreut servieren.

Triglie alla livornese

Rotbarben Livorneser Art

Man sollte sie ganz frisch am Fangort essen. Da Rotbarben sich allmählich auch unsere Fischmärkte erobern, möchte ich Ihnen dieses berühmte Rezept nicht vorenthalten.

1½ Bund Petersilie · 3 Knoblauchzehen · 1 Stange Bleichsellerie · 500 g reife Saucentomaten · etwa 6 Eßl. Olivenöl · Salz · weißer Pfeffer, frisch gemahlen · 8–12 Rotbarben (etwa 800 g)

- Zubereitungszeit: etwa 45 Minuten

So wird's gemacht:

1. Die Petersilie waschen und trockenschwenken. Die Knoblauchzehen schälen. Den Sellerie putzen, waschen und trockentupfen. Die Petersilie extra, den Knoblauch und den Sellerie zusammen fein hacken. Die Tomaten kurz mit kochendem Wasser überbrühen, die Haut und die Stielansätze entfernen. Die Tomaten kleinhacken oder durch ein Sieb passieren.
2. In einer flachen, weiten Kasserolle, die man auch zu Tisch bringen kann, 3 Eßlöffel Olivenöl erhitzen. Die Hälfte der Petersilie, den Knoblauch und den Sellerie bei schwacher Hitze kurz anbraten. Die Tomaten dazugeben, mit Salz und Pfeffer würzen und zugedeckt etwa 20 Minuten langsam köcheln lassen.
3. Inzwischen die Fische ausnehmen, waschen, trockentupfen und im restlichen Olivenöl in einer weiten Pfanne auf beiden Seiten braten.

Mein Tip Wer Fett sparen will, kann die rohen Fische in der Tomatensauce langsam garziehen lassen. Forellen, so gegart, schmecken ebenfalls ausgezeichnet.

4. Dann vorsichtig herausnehmen und in die Tomatensauce legen. Bei schwacher Hitze etwa 5 Minuten ziehen lassen, dann mit der restlichen Petersilie bestreuen und sofort servieren.

Tonno del vinaio

Frischer Thunfisch in Weinsauce

Frischer Thunfisch ist sehr delikat. Spezialitätenabteilungen großer Warenhäuser haben ihn manchmal im Angebot.

2–3 Knoblauchzehen · 1 Zwiebel · 1 Bund Petersilie · 6–8 Eßl. Olivenöl · 4 Scheiben Thunfisch (etwa 600 g) · Salz · weißer Pfeffer, frisch gemahlen · knapp 1 Eßl. Mehl · ⅛ l junger Chianti

- Vorbereitungszeit: etwa 10 Minuten
- Garzeit: etwa 20 Minuten

So wird's gemacht:

1. Die Knoblauchzehen schälen und zerquetschen. Die Zwiebel schälen. Die Petersilie waschen, trockenschwenken und mit der Zwiebel zusammen fein hacken.
2. In einer weiten, flachen Pfanne das Öl erhitzen. Die Knoblauchzehen darin so lange braten, bis sie braun sind, dann entfernen. Die Zwiebel und die Petersilie in die Pfanne geben und bei schwacher Hitze ganz langsam weichbraten.
3. Inzwischen die Fischscheiben waschen, trockentupfen, mit Salz und Pfeffer einreiben, mit dem Mehl bestäuben und in der Pfanne auf beiden Seiten anbraten. Den Wein angießen und den Fisch zugedeckt etwa 5 Minuten garziehen lassen.
4. Die Fische herausnehmen und warmstellen. Die Sauce etwas eindampfen lassen.
5. Den Fisch in der Sauce servieren.

Fleisch, geschmort oder gebraten

Die Toskaner sind keine großen Fleischesser, wenn sie auch bei festlichen Gelegenheiten nichts gegen einen großen Braten oder eine »costoletta alla fiorentina« einzuwenden haben. Für schmackhafte Ragouts lassen sich auch preiswerte Fleischstücke verwenden, die Sauce wird genüßlich mit viel Brot aufgetunkt. Lamm, Kaninchen und Geflügel weiß man abwechslungsreich zuzubereiten. Zur Jagdzeit bereichern Hase, Fasan und Wildschwein den Speiseplan.
Auf Wochenmärkten und ländlichen Festen gibt es »porchetta«. Dazu wird ein Jungschwein ausgebeint, kräftig mit Salz, Pfeffer und Kräutern gewürzt, gerollt, gebunden und am Spieß über Holzkohle gegrillt. Ein Genuß, den man sich nicht entgehen lassen sollte!

Cosciotto d'agnello

Lammkeule

Große Schafherden, die meist von sardischen Hirten betreut werden, liefern nicht nur die Milch für den berühmten »pecorino«, sondern auch bestes, natürliches Fleisch.

Zutaten für 6 Personen:
4 Knoblauchzehen · 2–3 Zweige Rosmarin · Salz · schwarzer Pfeffer, frisch gemahlen · etwa ⅛ l Olivenöl · 1,5 kg Lammkeule · 1 Eßl. Weinessig

- Vorbereitungszeit: etwa 15 Minuten
- Marinierzeit: mindestens 2 Stunden
- Garzeit: etwa 1½ Stunden

So wird's gemacht:
1. Die Knoblauchzehen schälen. Die Rosmarinzweige waschen, trockenschwenken und die Blättchen abzupfen. Den Knoblauch mit dem Rosmarin zusammen sehr fein hacken, mit Salz und Pfeffer mischen und mit 1 Eßlöffel Olivenöl binden.
2. Das Fleisch waschen und abtrocknen. Die Fettschicht längs und quer leicht einschneiden. Mit einem kleinen, sehr spitzen Messer in gleichmäßigen Abständen Löcher in das Fleisch stechen und diese mit der Gewürzmischung füllen. Die Keule mit Salz und Pfeffer einreiben und auf eine ovale Platte legen.
3. Das restliche Öl mit dem Essig verrühren und darüber gießen. Mindestens 2 Stunden marinieren lassen, dabei die Keule mehrmals umdrehen.
4. Den Backofen auf 220° vorheizen.
5. Die Keule mit der Fettschicht nach oben in eine Bratenform legen, mit der Marinade begießen und auf der unteren Schiene des Backofens etwa 1½ Stunden braten (die Zeit hängt von der Fleischqualität ab). Während der Garzeit wiederholt mit der sich bildenden Sauce beträufeln.

Agnello in umido

Lamm mit Rosmarin und Tomaten

3 Knoblauchzehen · 2 frische Rosmarinzweige · 500 g Dosentomaten · 1 kg Lammschulter (vom Metzger in Ragoutstücke gehackt) · 5 Eßl. Olivenöl · 5 Eßl. trockener Weißwein · Salz · 1 Prise Peperoncino (kleine, scharfe Paprikaschote) · schwarzer Pfeffer, frisch gemahlen

- Vorbereitungszeit: etwa 30 Minuten
- Garzeit: etwa 1 Stunde

So wird's gemacht:
1. Den Knoblauch schälen. Den Rosmarin waschen und trockenschwenken, die Blättchen abzupfen und zusammen mit den Knoblauchzehen fein hacken. Die Tomaten durch ein Sieb

passieren. Das Fleisch gründlich waschen, dabei alle Knochensplitter sorgfältig entfernen.
2. In einer Kasserolle das Olivenöl erhitzen, das Fleisch darin rundum anbraten, dann den Knoblauch und den Rosmarin kurz mitbraten. Den Wein angießen und unter Rühren verdampfen lassen.
3. Die Tomaten untermischen, mit Salz, dem Peperoncino und Pfeffer würzen und alles zugedeckt bei schwacher Hitze langsam garen.
4. Vor dem Servieren, falls nötig, nochmals mit Salz abschmecken.

Variante: **Capretto in umido**
In der Toskana wird das ganze Jahr über, aber besonders zur österlichen Zeit, Fleisch vom Zicklein (junge Ziege) gegessen. Nach diesem Rezept mit 1 kg Fleisch zubereitet schmeckt es besonders gut.

Coniglio alla contadina

Kaninchen mit schwarzen Oliven

3 Knoblauchzehen · je ein Zweig Rosmarin und Thymian · 8 Wacholderbeeren · 1 Kaninchen (etwa 1 kg) · 5 Eßl. Olivenöl · ⅛ l trockener Weißwein · 1 Dose Tomaten (400 g) · Salz · schwarzer Pfeffer, frisch gemahlen · 100 g schwarze Oliven

- Vorbereitungszeit: etwa 20 Minuten
- Garzeit: etwa 1 Stunde

So wird's gemacht:
1. Die Knoblauchzehen schälen. Den Rosmarin und den Thymian waschen, trockenschwenken, die Blättchen abzupfen und mit dem Knoblauch und den Wacholderbeeren zusammen fein hacken. Das Kaninchen in 8–12 Stücke teilen, waschen, dabei alle Knochensplitter sorgfältig entfernen und abtrocknen.
2. In einer Kasserolle das Öl erhitzen, die Kaninchenteile rundum anbraten, die kleingehackten Gewürze kurz mitbraten. Dann den Wein angießen und bei starker Hitze unter Rühren verdampfen lassen. Die Tomaten und etwas Saft dazugeben und die Früchte mit einer Gabel zerdrücken. Mit Salz und Pfeffer würzen und zugedeckt bei schwacher Hitze etwa 1 Stunde schmoren lassen.
3. 10 Minuten vor dem Ende der Garzeit die Oliven dazugeben.

Pollo alla diavola

Gegrilltes, scharf gewürztes Huhn

Höllisch mit Peperoncino gewürzt und über der Glut aus Eichenholz knusprig gegrillt, so liebt der Toskaner sein Teufelshuhn.

Etwa ⅛ l Olivenöl · Saft von 1 Zitrone · 1 Messerspitze Peperoncino (kleine, scharfe Paprikaschote) · Salz · schwarzer Pfeffer, frisch gemahlen · 1 frisches Brathuhn (etwa 1,2 kg)

- Vorbereitungszeit: etwa 20 Minuten
- Zeit zum Marinieren: 1 Stunde
- Grillzeit: 30–40 Minuten

So wird's gemacht:
1. Aus dem Olivenöl, dem Zitronensaft, dem Peperoncino, Salz und Pfeffer eine Marinade anrühren. Das Huhn innen und außen sorgfältig waschen, gut abtrocknen und auf ein Brett legen. Mit einem scharfen Messer das Brustbein durchtrennen und das Huhn auseinanderklappen. Mit dem Fleischklopfer vorsichtig flachklopfen, so daß die Knochen nicht zerbrechen. Das Huhn in einen weiten, flachen Teller legen, mit der Marinade begießen und auf beiden Seiten je 30 Minuten marinieren lassen.

2. Inzwischen den Grill vorheizen.
3. Das Huhn knusprig grillen, dabei wiederholt mit der Marinade einpinseln. Das dauert je nach Alter des Tieres 30–40 Minuten.
4. Man ißt dazu Weißbrot und frischen Salat.

Anitra alla Pisana

Süß-saures Entengericht aus Pisa

Enten süß-sauer zu würzen, ist in der internationalen Küche üblich. In Pisa verwendet man dazu Weinessig, Sultaninen und Schokolade.

2 Stangen Bleichsellerie · 2 Zwiebeln · ⅛ l Rotweinessig · 1 bratfertige Ente (etwa 1,5 kg) · 1 Karotte · 3 Eßl. Olivenöl · Salz · schwarzer Pfeffer, frisch gemahlen · ⅛ l trockener Weißwein · 5 Eßl. Brühe · je 50 g Sultaninen, Blockschokolade und Pinienkerne · 1 gestrichener Eßl. Zucker

- Marinierzeit: 2 Stunden
- Vorbereitungszeit: etwa 30 Minuten
- Garzeit: etwa 1¼ Stunden

So wird's gemacht:
1. Den Sellerie waschen. 1 Zwiebel schälen und mit 1 Selleriestange sehr fein hacken. 5 Eßlöffel Essig mit Wasser verdünnen (je nach der Schärfe des Essigs) und mit der Zwiebel und dem Sellerie zu einer Marinade verrühren.
2. Die Ente innen und außen gründlich waschen, abtrocknen und in eine flache Schüssel legen. Das Innere mit etwas Marinade einreiben. Die restliche Marinade über die Ente gießen. 2 Stunden marinieren lassen, dabei gelegentlich wenden.
3. Die zweite Zwiebel schälen und in Ringe schneiden. Die Karotte schaben und mit der zweiten Selleriestange zusammen fein hacken.
4. Die Ente aus der Marinade nehmen, trokkentupfen und dressieren, also Flügel und Keulen am Körper festbinden.
5. In einer Kasserolle das Öl erhitzen. Die Zwiebelringe, den Sellerie und die Karotte kurz bei mittlerer Hitze anbraten, die Ente dazugeben und bei starker Hitze anbraten, bis sie rundum gebräunt ist. Mit Salz und Pfeffer würzen. Den Wein angießen und verdampfen lassen, dabei die Ente mehrmals wenden.

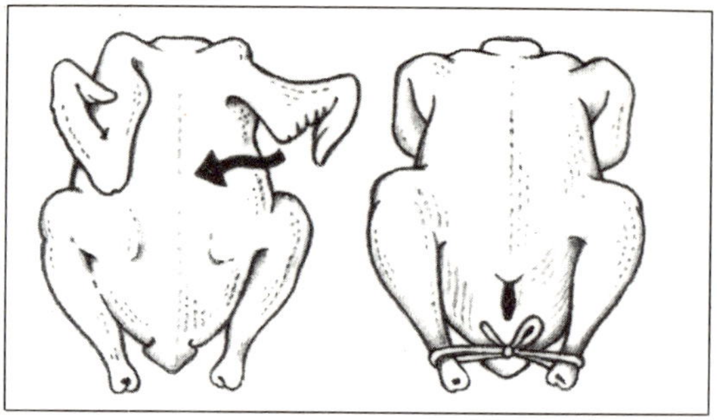

So wird Geflügel dressiert: Die Flügel werden hinter dem Rücken verschränkt oder, wie die Keulen, mit Garn zusammengebunden.

6. Dann das Geflügel zugedeckt bei schwacher Hitze etwa 1 Stunde garen, dabei von Zeit zu Zeit etwas Brühe angießen.
7. Inzwischen die Sultaninen 15 Minuten in lauwarmem Wasser einweichen, dann abtropfen lassen. Die Schokolade reiben.
8. Sobald das Fleisch weich ist, die Ente aus der Kasserolle nehmen. Die Sultaninen, die Pinienkerne, die Schokolade, den Zucker und den restlichen Essig mit der Sauce in der Kasserolle so lange verrühren, bis die Schokolade geschmolzen ist.
9. Die Ente tranchieren und die Geflügelteile in die Sauce geben. Nach Geschmack nochmals pfeffern und noch etwa 10 Minuten bei sehr schwacher Hitze ziehen lassen.

Bistecca alla fiorentina

Florentiner T-Bone-Steak

Toskanische Feinschmecker verwenden dazu Fleisch junger Ochsen, die auf den Weiden des Chianatals aufgewachsen sind. Kaufen Sie beim Metzger Ihres Vertrauens gut abgehangene, große und gleichmäßig geschnittene Steaks eines jungen Rindes.

2 große Steaks vom Jungrind (3–4 cm dick) · Salz · schwarzer Pfeffer, frisch gemahlen · ½ Zitrone · Olivenöl bester Qualität

- Garzeit: etwa 8–10 Minuten

So wird's gemacht:

1. Den Grill vorheizen, so daß eine starke Glut entsteht, die aber keine Flammen mehr verursacht.
2. Das Fleisch nicht waschen, nicht klopfen, nicht salzen und nicht einölen. Den Grillrost erhitzen, dann die Steaks darauf legen. Auf jeder Seite etwa 3 Minuten grillen. Beim Wenden eine Zange benützen. Die Steaks sollen außen eine braune Kruste haben, innen aber »al sangue«, also leicht blutig sein.
3. Die Steaks vor dem Servieren 1 Minute ruhen lassen, dann salzen, reichlich pfeffern und mit ein paar Tropfen Zitronensaft und Olivenöl beträufeln.

Mein Tip Die echte »bistecca fiorentina« muß auf dem offenen Holzkohlengrill zubereitet werden. Die Dicke der Steaks schwankt zwischen 3 und 5 cm, die Anzahl richtet sich nach dem Fassungsvermögen der Gäste.

Lesso rifatto

Gekochtes Rindfleisch

2 Knoblauchzehen · 750 g Zwiebeln · 300 g Tomaten · je ½ Bund Basilikum und Petersilie · 500 g gekochtes Rindfleisch (auch Reste) · 4 Eßl. Olivenöl · Salz · schwarzer Pfeffer, frisch gemahlen

- Vorbereitungszeit: etwa 15 Minuten
- Garzeit: etwa 25 Minuten

So wird's gemacht:

1. Die Knoblauchzehen schälen. Die Zwiebeln schälen und in Scheiben schneiden. Die Tomaten kurz mit kochendem Wasser überbrühen, enthäuten, vierteln, und dabei die Stielansätze und die Kerne entfernen. Die Kräuter waschen, trockenschwenken und die Blätter fein hacken. Das Fleisch in etwa 1 cm dicke Scheiben schneiden.
2. In einer Kasserolle das Öl erhitzen, die Knoblauchzehen darin bräunen, dann entfernen. Die Zwiebeln bei mittlerer Hitze goldbraun braten. Dann das Fleisch und die Tomaten dazugeben. Salzen, pfeffern, mit den Kräutern bestreuen und gut mischen. Zugedeckt bei schwacher Hitze etwa 15 Minuten schmoren lassen.

Variante: **Lesso rifatto con patate**
2 Knoblauchzehen, 1 Teelöffel Rosmarinblätter und ½ Bund Petersilie kleinhacken und kurz in etwas Öl anbraten. 350 g zerkleinerte Tomaten dazugeben. Nach etwa 10 Minuten das Fleisch in die Sauce geben. 3 Eßlöffel Rotwein angießen, salzen und pfeffern. 500 g frisch gekochte Pellkartoffeln, geschält und in Scheiben geschnitten, etwa 15 Minuten mit dem Fleisch zusammen langsam garen lassen.

Spezzato di muscolo

Klassisches toskanisches Rindergulasch

Bei der langen Garzeit des Gerichts lohnt es sich, mehr davon zu kochen und einen Teil einzufrieren.

½ Zwiebel · 2 Knoblauchzehen · 1 Stange Bleichsellerie · 2 Karotten · 750 g Rindfleisch aus der Keule · 6–8 Eßl. Olivenöl · knapp ¼ l Chianti · 3 Zweige Basilikum · 500 g Dosentomaten · Salz · schwarzer Pfeffer, frisch gemahlen · eventuell etwas Fleischbrühe

- Vorbereitungszeit: etwa 30 Minuten
- Garzeit: 2½–3 Stunden

So wird's gemacht:

1. Die Zwiebel und die Knoblauchzehen schälen. Den Sellerie putzen, waschen und trockenschwenken. Die Karotten waschen und schaben. Alles sehr klein hacken.

2. Das Fleisch waschen, abtrocknen und in 4 cm große Würfel schneiden. Mit dem Olivenöl und dem kleingehackten Gemüse in eine Kasserolle geben und unter Rühren bei starker Hitze so lange braten, bis das Gulasch gut gebräunt ist. Dann den Wein angießen und weiterrühren, bis dieser verdampft ist.

3. Das Basilikum waschen, trockenschwenken, kleinhacken und mit den Tomaten und ihrem Saft zum Fleisch geben. Umrühren und dabei die Tomaten mit einer Gabel zerdrücken. Mit Salz und Pfeffer würzen.

4. Das Gericht zugedeckt bei schwacher Hitze je nach Fleischqualität 2½ bis 3 Stunden schmoren lassen. Das Gulasch muß ganz weich sein, bevor es serviert wird. Bei Bedarf ab und zu etwas Brühe angießen.

5. Man ißt dazu Salzkartoffeln, die man gerne noch kurz vor Ende der Garzeit im Gulasch ziehen läßt.

Ossobuco alla toscana

Kalbshaxe auf toskanische Art
Bild nebenstehend

1 Zwiebel · 1 Karotte · 1 Stange Bleichsellerie · ½ Bund Petersilie · 1 Zweig Rosmarin · 250 Dosentomaten · 4 große Scheiben Kalbshaxe (etwa 4 cm dick) · 5 Eßl. Olivenöl · ⅛ l Chianti · Salz · weißer Pfeffer, frisch gemahlen

- Vorbereitungszeit: etwa 30 Minuten
- Garzeit: etwa 2 Stunden

So wird's gemacht:

1. Die Zwiebel schälen. Die Karotte waschen und schaben. Die Selleriestange putzen, waschen und trockentupfen. Die Petersilie und den Rosmarin waschen und trockenschwenken. Die Tomaten leicht abtropfen lassen, dabei den Saft auffangen. Die Zwiebel, die Karotte, den Sellerie, die Petersilie und die Rosmarinblättchen zusammen fein hacken. Das Fleisch waschen und abtrocknen.

2. In einer flachen weiten Pfanne das Öl erhitzen, das Fleisch auf beiden Seiten anbraten, dann das kleingehackte Gemüse und die Kräuter dazugeben und kurz mitbraten. Den Wein angießen und bei starker Hitze einkochen lassen, dabei die Fleischstücke mehrmals wenden.

3. Die Hitze verringern. Die Tomaten dazugeben und mit einer Gabel zerdrücken. Mit Salz und Pfeffer würzen.

4. Zugedeckt bei schwacher Hitze in etwa 2 Stunden garschmoren. Bei Bedarf etwas Tomatensaft angießen.

Ossobuco alla toscana – Kalbshaxe auf toskanische ▷ Art – schmort ganz langsam in einer Tomaten-Wein-Sauce und wird mit Kräutern gewürzt. Rezept auf dieser Seite.

Arista alla fiorentina

Florentiner Schweinebraten
Bild nebenstehend

Italiener, die nicht aus der Toskana stammen und bekanntlich nur die Küche der eigenen Region schätzen, meinen, es müßte »arrosto« (Braten) heißen. Griechische Kirchenväter sollen aber angeblich bei einem Konzil das Gericht als »aristos«, also vorzüglich, bewertet haben.

Zutaten für 6 Personen:
4 Knoblauchzehen · 6 Zweige Rosmarin · Salz · schwarzer Pfeffer, frisch gemahlen · 1 Eßl. Olivenöl · etwa 1 kg Schweinerollbraten

- Vorbereitungszeit: etwa 30 Minuten
- Garzeit: etwa 1½ Stunden

So wird's gemacht:
1. Den Holzkohlengrill vorheizen.
2. Die Knoblauchzehen schälen. Die Rosmarinzweige waschen und trockenschwenken. Von 2 Zweigen die Blättchen streifen und mit dem Knoblauch zusammen feinhacken. In einer kleinen Schüssel mit dem Salz und Pfeffer verrühren und mit dem Öl binden.
3. Das Fleisch waschen und abtrocknen. Mit einem kleinen, spitzen Messer in gleichmäßigen Abständen tiefe Löcher in das Fleisch stechen, diese mit dem Zeigefinger etwas erweitern, dann mit der Gewürzpaste füllen. Den Braten rundum mit Salz und Pfeffer einreiben.
4. Die restlichen Rosmarinzweige in Stiele schneiden und durch das Netz fädeln.
5. Den Braten auf den Grillspieß stecken und bei starker Hitze etwa 30 Minuten grillen, dann bei reduzierter Hitze etwa 1 Stunde weitergrillen, dabei immer wieder mit dem Bratensaft beträufeln.

Mein Tip Es lohnt sich, einen großen Braten zuzubereiten, da er auch kalt ausgezeichnet schmeckt. Selbstverständlich kann man auch den Haushaltsgrill verwenden oder das Fleisch im Ofen in einer flachen Pfanne braten.

◁ In der Toskana wird Arista alla fiorentina – Florentiner Schweinebraten – original auf dem Grill gegart. Aber kleine Zugeständnisse an unsere Küche sind natürlich erlaubt. Beim Garen im Backofen entsteht dann auch die Sauce. Das Urteil lautet auch dann sicherlich »aristos« – vorzüglich! Das Rezept finden Sie auf dieser Seite.

Maiale ubriaco

Schweineschnitzel in Rotwein geschmort

Warum soll in der Chiantigegend nicht auch einmal ein Schwein betrunken (»ubriaco«) sein?

2 Knoblauchzehen · 1 Bund Petersilie · 4 Schnitzel vom Schweinehals (gleichmäßig daumendick geschnitten) · 3 Eßl. Olivenöl · Salz · schwarzer Pfeffer, frisch gemahlen · ⅛ l Chianti

- Vorbereitungszeit: etwa 15 Minuten
- Garzeit: etwa 30 Minuten

So wird's gemacht:
1. Die Knoblauchzehen schälen. Die Petersilie waschen, trockenschwenken und mit dem Knoblauch zusammen fein hacken.
2. In einer flachen, weiten Pfanne das Öl erhitzen und darin die Schnitzel bei starker Hitze auf jeder Seite etwa 3 Minuten bräunen, dann

die Hitze reduzieren. Den Knoblauch und die Petersilie dazugeben und kurz mitbraten. Mit Salz und Pfeffer würzen. Den Wein angießen.
3. Zugedeckt bei schwacher Hitze etwa 20 Minuten schmoren lassen. Die Schnitzel mehrmals wenden. Am Ende der Garzeit sollte der Wein fast eingedampft sein.

Trippa alla fiorentina

Kutteln nach Florentiner Art

1 kg vorgekochte Kutteln (Kaldaunen) · 1 große Zwiebel · 2 Stangen Bleichsellerie · 2–3 Karotten · 50 g Speck · 6–8 Eßl. Olivenöl · 2–3 Zweige Basilikum · Salz · schwarzer Pfeffer, frisch gemahlen · 300 g Tomaten · etwas heiße Brühe · 3 Eßl. Parmesan, frisch gerieben

- Vorbereitungszeit: 20 Minuten
- Garzeit: 1½ Stunden

<u>So wird's gemacht:</u>
1. Die Kutteln gründlich waschen, mit Küchenkrepp abtrocknen und in feine Streifen schneiden. Die Zwiebel schälen. Den Sellerie waschen und trockentupfen. Die Karotten waschen und schaben.
2. Das Gemüse zusammen mit dem Speck fein hacken. Mit dem Olivenöl in eine Kasserolle geben und etwa 10 Minuten bei schwacher Hitze unter Rühren braten. Das Basilikum waschen, trockenschwenken und die Blätter von den Stielen zupfen. Mit den Kutteln in die Kasserolle geben. Mit Salz und Pfeffer würzen. Alles etwa 15 Minuten mitbraten.
3. Inzwischen die Tomaten kurz mit kochendem Wasser überbrühen, enthäuten und vierteln, dabei die Stielansätze und die Kerne entfernen. Unter die Kutteln mischen.
4. Zugedeckt bei ganz schwacher Hitze mindestens 1 Stunde kochen lassen. Falls nötig, etwas heiße Brühe angießen. Das Gericht soll saftig sein.
5. Vor dem Servieren den Parmesan untermischen. Mit Weißbrot servieren.

Fegatini in salvia

Hühnerlebern mit Salbei

Huhn wird auf vielfältige Weise zubereitet. Aus Lebern, Nieren, Hoden und Hahnenkämmen kocht man »cibreo«, ein köstliches Ragout.

2 Eßl. Mehl · 8–10 Salbeiblätter · 750 g Hühnerlebern · 5 Eßl. Olivenöl · 3 Eßl. kräftiger, trockener Weißwein · Salz · Pfeffer, frisch gemahlen

- Zubereitungszeit: etwa 20 Minuten

<u>So wird's gemacht:</u>
1. Das Mehl auf einen Teller geben. Die Salbeiblätter waschen und trockentupfen. Die Hühnerlebern waschen, trockentupfen, von allen Fetteilchen befreien und im Mehl wenden.
2. In einer weiten Pfanne das Öl erhitzen, die Lebern und die Salbeiblätter hineingeben und bei starker Hitze unter Rühren rundum in etwa 3 Minuten braun braten. Den Wein angießen, noch kurz kochen lassen. Die Leber sollte gar, aber immer noch leicht rosa sein.
3. Mit Salz und Pfeffer würzen und servieren.

Mein Tip Sie können eine sehr fein gehackte Zwiebel im Öl weichdünsten, halb Wein, halb Vin Santo verwenden und das Gericht mit einem Gemisch aus 2 Eigelben und dem Saft von ½ Zitrone binden.

Gemüse – jeden Tag auf den Tisch

Gemüse spielt in der toskanischen Küche eine wichtige Rolle. Was die Saison bietet, kommt entweder roh mit Salatsauce oder kurz gekocht und mit Olivenöl und Zitronensaft angemacht auf den Tisch. Gemüse wird auch für Suppen oder Reis- und Nudelgerichte verwendet. Es wird geschmort oder als Auflauf gereicht. Kartoffeln ißt man gerne roh in Öl gebraten oder in der Sauce eines Fleischgerichts mitgegart. Besonders beliebt sind frittierte Gemüse mit einer Kruste aus Mehl und Ei, die zu »fritto misto« (Stücke von Huhn, Lamm, Kaninchen und Innereien in Ausbackteig) gehören.

Broccoli soffritti

Broccoli mit Knoblauch

Salz · 800 g Broccoli · 4 Knoblauchzehen · 6 Eßl. Olivenöl

- Vorbereitungszeit: etwa 10 Minuten
- Garzeit: etwa 15 Minuten

So wird's gemacht:

1. Reichlich Salzwasser zum Kochen bringen.
2. Den Broccoli gründlich waschen und die holzigen Stielenden entfernen. Den Kohl in Röschen teilen. Die Strünke und die Stiele, soweit nötig, schälen und die Strünke kreuzweise tief einschneiden, damit alle Teile gleichzeitig gar werden.
3. In das kochende Wasser geben und knapp »al dente« kochen. Dann abseihen und gut abtropfen lassen.
4. Inzwischen die Knoblauchzehen schälen und ganz fein hacken. In einer Kasserolle das Olivenöl leicht erhitzen und den Knoblauch darin weichbraten. Er darf dabei nicht braun werden.
5. Den abgetropften Broccoli vorsichtig untermischen und etwa 5 Minuten ziehen lassen.

Carciofi ritti

Geschmorte gefüllte Artischocken
Bild Seite 28

»Diritto« wird im Toskanischen verkürzt zu »ritto«; diese Artischocken, die man als Vorspeise oder Hauptgericht genießen kann, werden »diritti«, also aufrecht, in den Topf gesetzt.

8 junge, fleischige Artischocken · Saft von 1 Zitrone · 3 Knoblauchzehen · 1 Bund Petersilie · 75 g gut durchwachsener Räucherspeck · Salz · schwarzer Pfeffer, frisch gemahlen · ⅛ l Olivenöl · 6 Eßl. trockener Weißwein

- Vorbereitungszeit: etwa 30 Minuten
- Garzeit: 40–60 Minuten

So wird's gemacht:

1. Von den Artischocken die Stiele abbrechen. Die harten Außenblätter großzügig entfernen. Mit einem scharfen Messer das obere Drittel der Blätter abschneiden. Die geputzten Artischocken sofort in kaltes, mit dem Zitronensaft gesäuertes, Wasser legen, damit sie sich nicht verfärben. Die Knoblauchzehen schälen. Die Petersilie waschen, trockenschwenken, mit dem Knoblauch und dem Speck fein hacken.
2. Den Backofen auf 190° vorheizen. Die Artischocken aus dem Wasser nehmen und abtrocknen. Die Blätter auseinanderbiegen. Das »Heu« in der Mitte entfernen. Den Knoblauch, die Petersilie und den Speck in der Mitte und zwischen den Artischockenblättern verteilen.
3. In eine Kasserolle, die so groß ist, daß die Artischocken gerade nebeneinander Platz finden, die Früchte aufrecht hineinsetzen. Mit Salz und reichlich Pfeffer würzen. Mit dem Olivenöl beträufeln.
4. Zugedeckt im Backofen etwa 15 Minuten schmoren.

5. Dann den Wein angießen und in der geschlossenen Kasserolle je nach Qualität der Früchte noch 25–35 Minuten garen lassen. Der Wein muß verdampft sein.

Mein Tip Man erleichtert sich die Arbeit, wenn man die Artischocken vor dem Putzen 5 Minuten in kochendes, leicht mit Zitronensaft gesäuertes Salzwasser taucht.
Ob die Früchte gar sind, testen Sie am besten, indem Sie ein Artischockenblatt probieren. Verzehrt werden die Früchte in zwei Schritten: zuerst mit den Fingern die Blätter mit Füllung lösen und dann den Boden mit Messer und Gabel essen.
Junge Früchte dürfen keine braunen Blätter haben.

Cavolfiore al pomodoro

Blumenkohl mit Tomaten und Olivenöl

Salz · 2 Knoblauchzehen · 1 Zwiebel · 1 Bund Petersilie · 600 g frische Tomaten · 80 g schwarze Oliven · 1 Blumenkohl (etwa 1 kg) · 3 Eßl. Olivenöl · schwarzer Pfeffer, frisch gemahlen

- Zubereitungszeit: etwa 45 Minuten

So wird's gemacht:
1. Reichlich Salzwasser zum Kochen bringen.
2. Die Knoblauchzehen und die Zwiebeln schälen und zusammen fein hacken. Die Petersilie waschen, trockenschwenken und kleinschneiden. Die Tomaten kurz mit kochendem Wasser überbrühen, häuten und halbieren, dabei die Stengelansätze und die Kerne entfernen. Das Fruchtfleisch kleinhacken. Die Oliven grob zerkleinern, dabei die Kerne entfernen.
3. Den Blumenkohl putzen, in Röschen zerteilen und in stehendem Wasser waschen. In Salzwasser knapp »al dente« kochen.
4. Inzwischen in einer Kasserolle das Olivenöl erhitzen, den Knoblauch und die Zwiebel bei schwacher Hitze kurz anbraten, dann die Petersilie und die Tomaten dazugeben. Mit Salz und Pfeffer würzen. Zugedeckt etwa 20 Minuten köcheln lassen und dann die Oliven untermischen.
5. Den gekochten Blumenkohl gut abtropfen lassen und vor dem Servieren noch kurz in der Sauce ziehen lassen.

Funghi in tegame

Pilze mit Tomaten und Minze

2 Knoblauchzehen · 2 Sardellenfilets · 250 g Dosentomaten · 2 Zweige frische Minze · 500 g Steinpilze oder Egerlinge · 6 Eßl. Olivenöl · Salz · weißer Pfeffer, frisch gemahlen · 1 Eßl. Zitronensaft

- Vorbereitungszeit: etwa 15 Minuten
- Garzeit: etwa 30 Minuten

So wird's gemacht:
1. Den Knoblauch schälen und mit den Sardellen zusammen fein hacken. Die Tomaten abtropfen lassen und grob zerkleinern. Die Minze waschen und trockenschwenken. Die Pilze putzen, abbrausen, trockentupfen und in nicht zu dünne Scheiben schneiden.
2. In einer Kasserolle das Öl erhitzen, den Knoblauch und die Sardellen ganz kurz anbraten. Die Pilze dazugeben und etwa 5 Minuten mitbraten. Den Zitronensaft, die Tomaten und die Minze untermischen. Mit Salz und Pfeffer würzen. Die Pilze bei guter Hitze etwa 20 Minuten garen.
3. Vor dem Servieren die Minze entfernen.

Piselli in casseruola

Erbsen mit Schinken

1 kg Erbsen in der Schote (oder 450 g tiefgefrorene Erbsen) · 2–3 Knoblauchzehen · 1–3 junge Zwiebeln (je nach Größe) · ½ Bund Petersilie · 80 g roher Schinken, dünn geschnitten · 3 Eßl. Olivenöl · weißer Pfeffer, frisch gemahlen · 5 Eßl. trockener Weißwein

- Zubereitungszeit: etwa 30 Minuten

So wird's gemacht:

1. Die Erbsen aus den Schoten streifen (tiefgekühlte Erbsen auftauen lassen). Die Knoblauchzehen schälen und fein hacken. Die Zwiebel schälen und in dünne Ringe schneiden. Den Schinken in feine Streifen schneiden.
2. In einer Kasserolle das Öl erhitzen, den Knoblauch und die Zwiebelringe darin bei schwacher Hitze weichdünsten. Dann die Schinkenstreifen und die Erbsen dazugeben. Mit Salz und Pfeffer würzen. Den Wein angießen. Zugedeckt bei schwacher Hitze garen, bis die Erbsen zart sind.
3. Inzwischen die Petersilie waschen, trockenschwenken und kleinhacken. Die Erbsen mit der gehackten Petersilie bestreut servieren.

Zucchini al funghetto

Zucchini mit Pilzen

30 g Trockenpilze · 1 Karotte · 1 Zwiebel · 2 Knoblauchzehen · 600 g kleine feste Zucchini · 300 g reife Tomaten · 4 Eßl. Olivenöl · Salz · schwarzer Pfeffer, frisch gemahlen

- Vorbereitungszeit: etwa 15 Minuten
- Garzeit: etwa 30 Minuten

So wird's gemacht:

1. Die Pilze in lauwarmem Wasser einweichen. Die Karotte waschen und schaben. Die Zwiebel und den Knoblauch schälen. Die Karotte, die Zwiebel und den Knoblauch sehr fein hakken. Die Zucchini waschen, abtrocknen, die Blüten- und die Stielansätze abschneiden. Die Zucchini längs in Viertel und diese in je 3 Stükke schneiden. Die Tomaten überbrühen, enthäuten und grob zerkleinern, dabei die Stielansätze und die Kerne entfernen.
2. In einer Kasserolle das Öl erhitzen, die Karotte, die Zwiebel und den Knoblauch kurz anbraten. Die Tomaten dazugeben und etwa 10 Minuten mitbraten.
3. Dann die Zucchini untermischen. Die Pilze ausdrücken, kleinschneiden und zum Gemüse geben. Mit Salz und Pfeffer würzen.
4. Zugedeckt bei schwacher Hitze gardünsten.

Mein Tip Man kann kleine Würfel von 2–3 geschälten jungen Karotten mitkochen.

Fagioli all'uccelletto

Weiße Bohnen mit Tomaten und Salbei

300 g weiße Bohnen · 3–4 Knoblauchzehen · 8 frische Salbeiblätter · 300 g Tomaten · 6–8 Eßl. Olivenöl · Salz · schwarzer Pfeffer, frisch gemahlen

- Einweichzeit: 12 Stunden
- Kochzeit für die Bohnen: etwa 1½ Stunden
- Zubereitungszeit: etwa 30 Minuten

So wird's gemacht:

1. Die Bohnen waschen und 12 Stunden einweichen.
2. Dann die Bohnen im Einweichwasser in etwa 1½ Stunden garen.

3. Die Knoblauchzehen schälen und zerdrükken. Den Salbei waschen und trockentupfen. Die Tomaten kurz mit kochendem Wasser überbrühen, enthäuten und die grünen Stielansätze entfernen. Das Fruchtfleisch durch ein Sieb passieren. Die Bohnen in einem Sieb gut abtropfen lassen.
4. In einer Kasserolle das Öl leicht erhitzen. Den Knoblauch und die Salbeiblätter darin so lange erhitzen, bis die Knoblauchzehen schwach gelb sind. Die gekochten Bohnen dazugeben und umrühren.
5. Nach etwa 5 Minuten die Tomaten untermischen. Mit Salz und Pfeffer würzen. Zugedeckt bei ganz schwacher Hitze etwa 15 Minuten schmoren lassen.
6. Vor dem Servieren die Knoblauchzehen und die Salbeiblätter entfernen.

Melanzane alla parmigiana

Auberginen mit Käse und Tomaten

750 g Auberginen · Salz · 300 g Tomaten · 3 Eßl. Mehl · Olivenöl zum Ausbacken · 3–4 Eßl. Parmesan, frisch gerieben · Salz · schwarzer Pfeffer, frisch gemahlen

- Vorbereitungszeit: etwa 30 Minuten
- Garzeit: etwa 30 Minuten

So wird's gemacht:
1. Die Auberginen schälen und längs in ½ cm dicke Scheiben schneiden. Diese auf ein Sieb geben, mit Salz bestreuen und 30 Minuten ziehen lassen. Inzwischen die Tomaten kurz mit kochendem Wasser überbrühen, enthäuten und halbieren, dabei die Stielansätze und die Kerne entfernen. Das Fruchtfleisch kleinhacken. Das Mehl in einen Teller geben.
2. Die Auberginenscheiben mit Wasser abbrausen, mit Küchenkrepp trockentupfen und leicht durch das Mehl ziehen.
3. In einer Pfanne reichlich Olivenöl erhitzen, die Scheiben portionsweise auf beiden Seiten goldbraun braten.
4. 4 Eßlöffel von dem Bratöl in eine Kasserolle geben, die man auch zu Tisch bringen kann. Die gebratenen Auberginenscheiben hineinlegen, mit dem Käse und den Tomaten bedekken. Mit Salz und Pfeffer würzen. Zugedeckt bei mäßiger Hitze etwa 15 Minuten garen lassen, dabei die Kasserolle ab und zu bewegen.

Patate rifatte

Kartoffeln mit Tomaten und Salbei

250 g Dosentomaten · Salz · 1 großer Zweig Salbei · 3 Knoblauchzehen · etwa 800 g Kartoffeln · 6 Eßl. Olivenöl · schwarzer Pfeffer, frisch gemahlen

- Vorbereitungszeit: etwa 15 Minuten
- Garzeit: etwa 30 Minuten

So wird's gemacht:
1. Die Tomaten mit etwas Salz durch ein Sieb passieren. Den Salbei waschen und trockenschwenken. Die Knoblauchzehen schälen und kleinhacken. Die Kartoffeln dünn schälen, alle Keimansätze und Schadstellen entfernen. Die Kartoffeln kalt abbrausen, abtrocknen und in Würfel von etwa 3 cm Kantenlänge schneiden.
2. In einer Kasserolle das Öl erhitzen, den Salbei, den Knoblauch und die Kartoffelwürfel unter Rühren bei starker Hitze etwa 5 Minuten braten, dann das Tomatenpüree dazugeben. Mit Salz und Pfeffer würzen und zugedeckt bei mittlerer Hitze etwa 30 Minuten garen. Bei Bedarf etwas Tomatensaft angießen.
3. Den Salbei vor dem Servieren entfernen.

Variante: **Patate alla ghiotta**
Die wie oben vorbereiteten Kartoffeln (festkochende Sorte) möglichst in einer Lage in einer weiten flachen Pfanne verteilen. Reichlich mit grob gehackten Knoblauchzehen und grob zerkleinerten Salbeiblättern bestreuen. Rosmarinzweige darauf verteilen. Salzen, kräftig mit Pfeffer würzen und mit viel Olivenöl beträufeln. Im vorgeheizten Backofen bei 180° knusprig braten. Das dauert etwa 1¾ Stunden.

Spinaci alla ghiotta

Spinat mit Sultaninen und Pinienkernen
Bild Seite 48

75 g Sultaninen · etwa 4 Eßl. Vin Santo · 1 kg Blattspinat · 3–4 Eßl. Olivenöl · 75 g Pinienkerne · Salz · schwarzer Pfeffer, frisch gemahlen

- Zubereitungszeit: etwa 30 Minuten

So wird's gemacht:
1. Die Sultaninen im Vin Santo einweichen.
2. Den Spinat putzen, welke Blätter und grobe Stiele entfernen. Mehrmals in reichlich kaltem Wasser waschen. Tropfnaß in eine Kasserolle geben und zugedeckt bei schwacher Hitze dämpfen, bis die Blätter zusammenfallen. Dann in einem Sieb gut abtropfen lassen.
3. Die Sultaninen ebenfalls abtropfen lassen.
4. In einer Kasserolle das Öl erhitzen, den Spinat, die Sultaninen und die Pinienkerne bei schwacher Hitze unter leichtem Umrühren kurz ziehen lassen. Mit Salz und Pfeffer würzen.
5. Sofort servieren.

Variante: **Spinaci al agro**
Den Spinat putzen, wie beschrieben dämpfen und abgetropft in Olivenöl schwenken. Mit Salz, etwas Pfeffer und Zitronensaft würzen.

Fagiolini in fricassea

Prinzeßbohnen mit Eier-Zitronensauce

Salz · 750 g Prinzeßbohnen · 2 Eigelbe · Saft von 1 Zitrone · 1 Eßl. Butter

- Zubereitungszeit: etwa 20 Minuten

So wird's gemacht:
1. Reichlich schwach gesalzenes Wasser zum Kochen bringen.
2. Die Bohnen putzen, waschen und im kochenden Wasser knapp »al dente« kochen, dann abtropfen lassen.
3. Inzwischen die Eigelbe gut mit dem Zitronensaft verrühren.
4. Die Butter in einer weiten Kasserolle schmelzen lassen. Die gut abgetropften Bohnen in der Butter ganz kurz ziehen lassen. Die Kasserolle vom Herd nehmen. Die Eigelb-Zitronensaft-Mischung langsam über die Bohnen gießen, diese dabei umrühren.
5. Dann sofort servieren.

Variante: **Fagiolini alla fiorentina**
Die Bohnen kochen. Eine feingehackte Zwiebel in 2–3 Eßlöffeln Olivenöl weichbraten. 1 Teelöffel Tomatenmark in 4 Eßl. Wasser verrühren und zu den Zwiebeln geben. Mit Salz, Pfeffer und 1 Messerspitze Fenchelpulver würzen. Etwa 15 Minuten köcheln lassen, dann die abgetropften Bohnen darin noch kurz ziehen lassen.

Variante: **Fagiolini all'aretina**
Die Bohnen kochen. 1 Zwiebel, 2 Knoblauchzehen und 5 Salbeiblätter fein hacken und in 4 Eßlöffeln Olivenöl anbraten. 500 g Brechbohnen und 300 g leicht abgetropfte, grob zerkleinerte Dosentomaten dazugeben, mit Salz und Pfeffer würzen, zugedeckt langsam garen.

Desserts nach alter Tradition

Gilt es, Familienfeste in großem Rahmen zu feiern, krönen auch in der Toskana üppige Torten und kunstvolle Eisbomben das Menü. Im allgemeinen hält man sich aber beim »dolce« an die schlichte Eleganz der regionalen Küche. Frisches Obst wird in einer Schale hübsch arrangiert. Bereitet man daraus eine »maccedonia« (Obstsalat), setzen Vin Santo oder Alchermes (Kräuterlikör) besondere Akzente. Kompott kocht man mit Wein und Gewürzen. Soll das Dessert etwas aufwendiger sein, offeriert man eine »crostata«, eine Torte aus Mürbteig, die malerisch mit Obst belegt wird. Haben Heilige ihren Gedenktag, werden von alters her in großen Mengen Küchlein und Krapfen gebakken, die es in verschiedensten Varianten gibt. Auch für Kleingebäck hat beinahe jede Stadt ein eigenes uraltes Rezept. Man bäckt auf Vorrat, bewahrt die köstlichen »biscotti« in Dosen auf und reicht sie mit einem Glas Vin Santo als Nachtisch.

Biscottini di Prato

Mandelschnittchen
Bild nebenstehend

Man taucht sie in ein Glas Vin Santo und genießt ein köstliches »dolce«. Da sich das Gebäck, in Blechbüchsen aufbewahrt, lange hält, sollte man die doppelte Menge zubereiten und natürlich genügend Vin Santo als Souvenir mitbringen.

500 g Mehl · ½ Päckchen Backpulver · 4 Eier · 1 Prise Salz · 500 g Zucker · ½ Päckchen Vanillinzucker · abgeriebene Schale von ½ unbehandelten Zitrone · 200 g gestiftete Mandeln · 100 g Pinienkerne · Butter für das Backblech

- Zubereitungszeit: etwa 1 Stunde

So wird's gemacht:

1. Den Backofen auf 180° vorheizen.
2. Das Mehl und das Backpulver zusammen sieben.
3. Die Eier trennen. Die Eiweiße mit dem Salz zu steifem Schnee schlagen, dann die Eigelbe und den Zucker mit dem Vanillinzucker unterziehen.
4. Das Mehl und die Zitronenschale gründlich mit der Eimasse vermengen. Die Mandelstifte und die Pinienkerne dazugeben und die Zutaten zu einem glatten Tag verkneten. Daraus Teigrollen von ca. 3 cm Durchmesser formen.
5. Ein Backblech gut mit Butter bestreichen, die Rollen nebeneinander darauflegen und mit dem Handballen etwas flachdrücken. Die Rollen im Backofen auf der mittleren Schiene bakken, bis sie leicht Farbe bekommen.
6. Das Backblech herausnehmen, leicht abkühlen lassen, dann die langen, schmalen »Brote« mit einem scharfen Messer schräg in Stücke von etwa 1,5 cm Breite schneiden.
7. Das Backblech wieder in den Ofen schieben und bei etwas reduzierter Hitze noch so lange backen, bis die Bisquits goldgelb und von fester Konsistenz sind.

Biscottini di Prato – Mandelschnittchen – und der berühmte Dessertwein Vin Santo gehören unbedingt zusammen. Mandeln und Pinienkerne sorgen für den Geschmack, den ein kurzes Stippen in den Wein noch verstärkt. Um dem Vin Santo selbst auf den Geschmack zu kommen, sollten Sie den Gastgeber um ein 2. Glas bitten. Rezept auf dieser Seite. ▷

Fragole al vino rosso

Erdbeeren in Rotwein

500 g kleine reife Erdbeeren · 3/8 l bester alter Chianti · Saft von 1 Zitrone · 3–4 Eßl. Zucker

- Zubereitungszeit: etwa 15 Minuten
- Zeit zum Marinieren: mindestens 2 Stunden

So wird's gemacht:

1. Die Erdbeeren kurz mit kaltem Wasser abbrausen, gut abtropfen lassen und entstielen. Die Früchte in einer Schale mit dem Wein begießen, mit dem Zitronensaft beträufeln und mit dem Zucker bestreuen. Bei Zimmertemperatur mindestens 2 Stunden ziehen lassen.
2. Vor dem Servieren gut durchmischen.

Variante: **Fragoline al limone**
Vorbereitete Walderdbeeren in einer Marinade aus Zitronensaft und Zucker ziehen lassen.

Variante: **Fragole all'acquavite**
Reife feste Erdbeeren vorbereiten und in ein Glasgefäß schichten. Jede Lage mit Zucker bestreuen und mit kleinen Stückchen Schale einer unbehandelten Orange würzen. Mit Weinbrand aufgießen, bis alle Früchte bedeckt sind. Für 1 kg Früchte braucht man ca. 750 ccm Weinbrand und 125 g Zucker. Das Glas gut verschlossen 2 Monate stehen lassen.

◁ Wie appetitlich Spinat aussehen kann, wenn er schonend zubereitet wird, zeigt das Gericht Spinaci alla ghiotta – Spinat mit Sultaninen und Pinienkernen. Und es schmeckt mindestens genauso gut! Rezept Seite 45.

Insalata d'arancia

Orangendessert

5 große Orangen · 2 gestrichene Eßl. Zucker · 200 g Sahne · 1 Päckchen Vanillinzucker · 1 Eßl. gehackte Pistazien

- Vorbereitungszeit: etwa 15 Minuten
- Kühlzeit: 2 Stunden

So wird's gemacht:

1. 4 Orangen so gut schälen, daß keine weißen Häutchen oder Fäden an den Früchten haften bleiben. In dünne Scheiben schneiden, dabei alle Kerne entfernen. Auf flache Portionsteller verteilen.
2. Die fünfte Orange auspressen und den Saft mit dem Zucker verrühren. Die Orangenscheiben damit beträufeln und dann 2 Stunden kühlstellen.
3. Kurz vor dem Servieren die Sahne mit dem Vanillinzucker steifschlagen, die gehackten Pistazien darunterheben und die Früchte damit garnieren.

Castagniaccio

Kastanienfladen mit Rosmarin

7 Eßl. Olivenöl · 50 g Rosinen · 2 Rosmarinzweige · 50 g Walnußkerne · 300 g Kastanienmehl (Reformhaus) · etwa ½ l Wasser · 1 Prise Salz · 50 g Pinienkerne

- Vorbereitungszeit: etwa 20 Minuten
- Backzeit: etwa 30 Minuten

So wird's gemacht:

1. Den Backofen auf 275° vorheizen.
2. Eine flache runde Springform von 26 cm Ø mit 2 Eßlöffeln Olivenöl ausstreichen.

3. Die Rosinen in lauwarmem Wasser etwa 15 Minuten einweichen, dann ausdrücken. Die Rosmarinzweige waschen, trockenschwenken, dann die Blättchen abzupfen. Die Nüsse grob hacken.
4. Das Kastanienmehl in eine Schüssel sieben. Das Wasser dazugießen, dabei mit dem Schneebesen kräftig rühren, damit ein glatter, leicht flüssiger Teig entsteht, der keine Krümel aufweist. Das Salz, 3 Eßlöffel Olivenöl, die Walnüsse und die Hälfte der Rosinen und der Pinienkerne untermischen.
5. Dann die Masse in die Form gießen. Die zweite Hälfte der Rosinen und Pinienkerne gleichmäßig auf der Oberfläche verteilen. Reichlich Rosmarinblättchen darüber streuen. Den Kuchen mit dem restlichen Olivenöl beträufeln und im Backofen auf der mittleren Schiene etwa 30 Minuten backen. Der Kuchen soll goldbraun und knusprig sein. Er bleibt flach und wirkt an der Oberfläche rissig.
6. Den Fladen leicht ausgekühlt servieren. Er schmeckt hervorragend zum Wein.

Torta di riso

Sieneser Reistorte

1 l Milch · 1 Stück Schale von 1 unbehandelten Zitrone · 250 g Rundkornreis · 150 g Zucker · 30 g weiche Butter · 20 g Pistazien · 50 g Walnußkerne · 120 g gemischte kandierte Früchte · 3 Eier · 1 Teel. Vanillinzucker · 50 g Pinienkerne · Butter für die Form · Puderzucker

- Vorbereitungszeit: etwa 1 Stunde
- Backzeit: etwa 30 Minuten

So wird's gemacht:
1. In einem Topf die Milch mit der Zitronenschale aufkochen lassen, den Reis einrühren und unter ständigem Rühren bei schwacher Hitze kochen lassen, bis der Reis die ganze Milch aufgenommen hat. Den Topf vom Herd nehmen, den Zucker gut untermischen. Den Reis auskühlen lassen, dann die Zitronenschale entfernen.
2. Inzwischen die Pistazien schälen und zusammen mit den Walnüssen grob hacken. Die kandierten Früchte in kleine Würfel schneiden.
3. Die Eier mit dem Vanillinzucker verschlagen.
4. Eine Springform mit Butter ausstreichen. Den Backofen auf 200° vorheizen.
5. In einer großen Schüssel den gekochten Reis mit der Butter, den Nüssen, den kandierten Früchten, den Pinienkernen und den Eiern gut vermischen. Die Masse in die Form geben und glattstreichen. Im Backofen auf der mittleren Schiene etwa 30 Minuten backen.
6. Die Torte ausgekühlt mit Puderzucker bestreut servieren.

Cenci

Toskanisches Faschingsgebäck

»Cenci« müßte man mit »Putzlumpen« übersetzen; sie heißen aber auch »nastrini di monaco« (Mönchsstreifchen) oder »donzelle« (Jungfern) und werden am »giovedì grasso«, dem letzten Donnerstag im Fasching, traditionsgemäß verzehrt. Aber auch während des übrigen Jahres serviert man sie als beliebten Nachtisch zu einem Glas Vin Santo.

300 g Mehl · 2 Eier · 80 g Zucker · Olivenöl · 2 Eßl. Vin Santo · abgeriebene Schale von 1 unbehandelten Zitrone · Puderzucker zum Bestäuben

- Zubereitungszeit (einschließlich Ruhezeit für den Teig): etwa 1½ Stunden

So wird's gemacht:
1. Das Mehl auf ein Backbrett häufen. In die Mitte eine Vertiefung drücken und die Eier, den Zucker, 3 Eßlöffel Olivenöl, den Vin Santo und die Zitronenschale hineingeben. Alles zu einem geschmeidigen Teig verkneten. Zu einer Kugel formen, in Alufolie einwickeln und an einem kühlen Ort etwa 1 Stunde ruhen lassen.
2. Dann den Teig auf dem bemehlten Backbrett zu einer dünnen Platte ausrollen. Mit einem gezackten Teigrädchen zunächst lange, etwa 4 cm breite Streifen ausradeln, diese dann in Rauten oder Rhomben schneiden.
3. In einer Pfanne reichlich Olivenöl erhitzen. Die Cenci portionsweise goldbraun backen. Auf Küchenkrepp abtropfen lassen.
4. Die Cenci vor dem Servieren mit Puderzucker bestäuben.

Crema alla boscaiola

Mascarponecreme mit Waldbeeren

Wenn Sie frische Beeren verwenden, benötigen Sie – je nach Reifegrad des Obstes – etwas mehr Zucker.

1 Paket gemischte, tiefgefrorene oder frische Beeren (300 g) · 4 Eßl. Vin Santo · 3 Eßl. Zucker · 2 Eier · 250 g Mascarpone · 2 Eßl. Bisquitbrösel · 100 g süße Sahne

- Zubereitungszeit: etwa 20 Minuten (ohne Auftauzeit der Beeren)
- Kühlzeit: 3–4 Stunden

So wird's gemacht:
1. Die Beeren mit dem Vin Santo beträufeln, mit 2 Eßlöffeln Zucker bestreuen, umrühren und auftauen lassen.
2. Die Eier trennen.
3. Für die Creme die Eigelbe mit dem restlichen Zucker so lange verrühren, bis sich der Zucker gelöst hat und die Masse schaumig wird. Dann nach und nach den Mascarpone dazugeben und weiterrühren, bis eine dickflüssige Creme entsteht.
4. Die Eiweiße zu steifem Schnee schlagen. Die Sahne ebenfalls steif schlagen. Eischnee und Sahne vorsichtig unter die Mascarponemasse heben.
5. Die Beeren leicht abtropfen lassen. Auf vier hohe Gläser verteilen und mit den Bröseln bestreuen. Die Creme darübergeben.
6. Vor dem Servieren 3–4 Stunden in den Kühlschrank stellen.

Mein Tip Mascarpone (ein Rahmfrischkäse) erhalten Sie in großen Supermärkten und in italienischen Feinkostläden.

Variante:
Nicht jede Tiefkühltruhe hat gemischte Beeren im Sortiment. Himbeeren gibt es aber fast überall. Die Creme wird nach Rezept zubereitet und nennt sich
»crema di mascarpone ai lamponi«.

Mele al vino rosso

Äpfel mit Rotwein gedünstet

4 Äpfel gleicher Größe (Reinette) · 1 unbehandelte Zitrone · 5 Eßl. Zucker · ½ Stange Zimt · etwa ¼ l Chianti

- Zubereitungszeit: etwa 30 Minuten
- Kühlzeit: 1 Stunde

So wird's gemacht:
1. Die Äpfel waschen, abtrocknen und das Kernhaus ausstechen. Die Zitrone heiß waschen, abtrocknen und ganz dünn abschälen.

2. Die Äpfel eng nebeneinander in eine kleine Kasserolle stellen. Den Zucker, den Zimt und die Zitronenschale dazugeben. Soviel Wein angießen, daß die Äpfel gerade damit bedeckt sind.
3. Die Früchte zugedeckt bei schwacher Hitze etwa 20 Minuten garen.
4. In der Kasserolle auskühlen und anschließend auf einem Sieb abtropfen lassen, dabei den Saft auffangen. Die Zimtstangen und die Zitronenschale entfernen.
5. Den Saft zu sirupartiger Konsistenz einkochen, dann abkühlen lassen. Die Äpfel in einer Servierschale mit dem Sirup begießen. 1 Stunde kühlstellen.

Variante: **Pere al vino**
4 reife Birnen gleicher Größe waschen und abtrocknen. Darauf achten, daß der Stiel nicht abbricht. In einem Sud aus ¼ l Rotwein, 2 Eßlöffeln Zucker und 1 Stück unbehandelter Orangenschale etwa 20 Minuten garziehen und dann auskühlen lassen. Auf Portionsschälchen verteilen und mit dem Sud servieren.

Zabaione al Vin Santo

Toskanische Weinschaumcreme

3 Eigelbe · 30 g Zucker · ⅛ l Vin Santo

- Zubereitungszeit: etwa 20 Minuten

So wird's gemacht:
1. In einer feuerfesten Schüssel die Eigelbe und den Zucker mit einem Schneebesen cremig rühren. Dann die Schüssel in ein heißes Wasserbad stellen, langsam den Vin Santo dazugießen und zu einer lockeren, schaumigen Creme schlagen. Der Weinschaum darf nicht aufkochen.
2. Noch warm in Gläsern servieren.

Pesche ripiene

Gefüllte Pfirsiche

2 Löffelbisquits · 1 Eßl. Rum · 10 g Orangeat · 50 g Mandeln · 2 Bittermandeln · 3 Eßl. Zucker · 4 große gelbe Pfirsiche · 1 Eßl. Butter · 4 Eßl. Vin Santo

- Vorbereitungszeit: 20 Minuten
- Garzeit: 35–40 Minuten

So wird's gemacht:
1. Den Backofen auf 200° vorheizen.
2. Die Bisquits fein zerbröseln und mit dem Rum beträufeln. Das Orangeat in ganz kleine Würfel schneiden. Die Mandeln und die Bittermandeln reiben oder in einem Mörser mit etwas Zucker zerstoßen. Die Pfirsiche kurz mit kochendem Wasser überbrühen, schälen, halbieren und die Kerne entfernen.
3. Mit einem Teelöffel aus jeder Hälfte etwas Fruchtfleisch herausnehmen, ganz fein hacken, dann in einer kleinen Schüssel mit den Bisquitbröseln, dem Orangeat, den Mandeln und dem Zucker gut mischen. Die Pfirsichhälften mit dieser Masse füllen.
4. Eine flache Gratinform mit der Butter ausstreichen, die Früchte nebeneinander hineinsetzen. Mit dem Vin Santo begießen und im Backofen 35–40 Minuten garen.
5. Dieses Dessert wird heiß oder kalt serviert.

Mein Tip Der Vin Santo kann durch trockenen Weißwein ersetzt werden, der nach Geschmack gezuckert wird.

Variante: **Pesche al gelato**
Die gefüllten Pfirsiche zubereiten und auskühlen lassen. Vanilleeis auf Portionsteller verteilen und die Pfirsichhälften daraufsetzen.

Toskanische Menüs

Menü für Fischfeinschmecker

Aperitivo
Cozze gratinate · Überbackene Miesmuscheln (Seite 10)
Zuppa alla grossetana · Gemüsesuppe mit Paprikaschoten und Sellerie (Seite 13)
Trote regali · Forellen mit Pilzen (Seite 29)
Formaggi · Käseplatte
Fragole al vino rosso · Erdbeeren in Rotwein (Seite 49)
Caffè
Digestivo

Ein Menü für Eilige

Aperitivo
Spirali d'acciugho al burro · Sardellenringe mit Butterröllchen (ohne Rezept)
Tagliatini ai fegatini · Nudelsuppe mit Geflügellebern (Seite 12)
Maiale ubriaco · Schweineschnitzel in Rotwein geschmort (Seite 39)
Formaggi · Käseplatte
Frutta della stagione · Frisches Obst nach Jahreszeit
Caffè
Digestivo

Dieses Menü läßt sich vorbereiten

Aperitivo
Peperonata · Geschmortes Paprikagemüse (Seite 11)
Minestra di verdura · Gemüsesuppe (Seite 14)
Ossobuco alla toscana · Kalbshaxe auf toskanische Art (Seite 36)
Formaggi · Käseplatte
Pesche ripiene · Gefülle Pfirsiche (Seite 52)
Caffè
Digestivo

Vegetarisches Menü

Aperitivo
Pinzimonio · Toskanische Rohkostplatte (Seite 9)
Minestra di verdura passata · Gemüsecremesuppe (Seite 15 Variante)
Carciofi ritti · Geschmorte gefüllte Artischocken (Seite 41)
Formaggi · Käseplatte
Frutta mista · Frisches Obst
Caffè
Digestivo

Menü für Leute, die Lammgerichte schätzen

Aperitivo
Funghi in tegame · Pilze mit Tomaten und Minze (Seite 42)
Zuppa di fagioli · Bohnensuppe (Seite 12)
Cosciotto d'agnello · Lammkeule (Seite 32)
Formaggi · Käseplatte
Mele al vino rosso · Äpfel in Rotwein gedünstet (Seite 51)
Caffè
Digestivo

Menü für das kleine Grillfest

Aperitivo
Focaccia · Fladenbrot (Seite 7)
Pollo alla diavola · Gegrilltes, scharf gewürztes Huhn (Seite 33)
Bistecca alla fiorentina · Florentiner T-Bone-Steak (Seite 35)
Formaggi · Käseplatte
Gelati misti a scelta · Gemischtes Eis nach Wunsch (ohne Rezept)
Caffè
Digestivo

Toskanische Menüs

Festliches Menü

Aperitivo
Crostini di milza · Crostini mit Milzpaste bestrichen (Seite 8)
Tagliatelle rifatte · Bandnudeln überbacken (Seite 20)
Arista alle fiorentina · Florentiner Schweinebraten (Seite 39)
Formaggi · Käseplatte
Zabaione al Vin Santo · Toskanische Weinschaumcreme (Rezept Seite 52)
Caffè
Digestivo

Menü zum Monatsende

Aperitivo
Fettunta · Geröstetes Brot mit Olivenöl (Seite 8)
Risotto alla contadina · Gemüserisotto (Seite 22)
Lesso rifatto · Gekochtes Rindfleisch (Seite 35)
Formaggi · Käseplatte
Insalata d'arancia · Orangendessert (Seite 49)
Caffè
Digestivo

Menü für hungrige Gäste

Aperitivo
Panzanella · Brotsalat (Seite 9)
Lasagnette alla lucchese · Bandnudeln mit Spinat (Seite 16)
Spezzato di muscolo · Toskanisches Rindergulasch (Seite 36)
Formaggi · Käseplatte
Torta di riso · Sieneser Reistorte (Seite 50)
Caffè
Digestivo

Leichtes Menü für heiße Sommertage

Aperitivo
Insalata mista con uova e acciughe · Frischer gemischter Salat mit gekochten Eiern (ohne Rezept)
Pasta fatta in casa al burro e formaggio · Hausgemachte Nudeln (Rezept Seite 19) mit Butter und Parmesan
Coniglio alla contadina · Kaninchen mit schwarzen Oliven (Seite 33)
Formaggi · Käseplatte
Gelato di crema al Vin Santo · Vanilleeis mit Vin Santo »parfümiert« (ohne Rezept)
Caffè
Digestivo

Menü für Leute, die gerne Ente essen

Aperitivo
Prosciutto con melone · Parmaschinken mit Melonenspalten (ohne Rezept)
Gnocchi di polenta con cacio e burro · Polentanockerl mit Käse und Butter (Seite 25 Variante)
Anitra alla pisana · Süß-saueres Entengericht aus Pisa (Seite 34)
Formaggi · Käseplatte
Macedonia alla toscana · Obstsalat mit Vin Santo aromatisiert (ohne Rezept)
Caffè
Digestivo

Rezept- und Sachregister

Kursiv gesetzte Seitenzahlen verweisen auf Farbbilder

Rezept- und Sachregister

Die Zuppa di fagioli – Bohnensuppe – führt ein reichhaltiges Innenleben. Sie wird mit Bohnen, Tomaten, Schinken, Speck und Kräutern gegart. ▷
Rezept Seite 12.